Jochen Prey · Thomas Kromp · Frank Schneider

Handbuch
Trockentauchen

Kompaktes Wissen für Sporttaucher

KOSMOS

Inhalt

Dieses Buch wird empfohlen von:

International Diving Association IDA

BARAKUDA International Aquanautic Club

United-Diving Instructors UDI

Verband Europäischer Sporttaucher

Verband Internationaler Tauchschulen

Vorwort

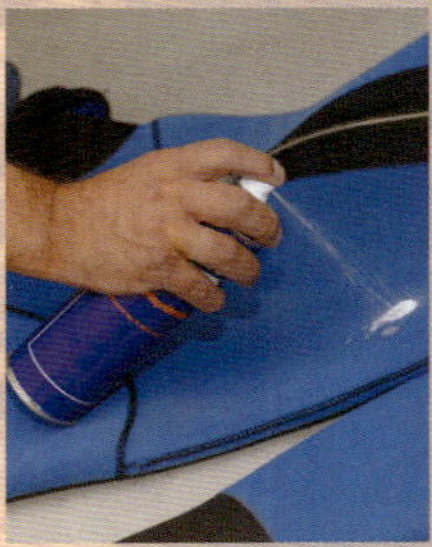

Tauchen ist eines der faszinierendsten Hobbys. Die unmittelbare Nähe zur Natur wird dabei wie kaum sonst mit einem je nach individueller Vorliebe mehr oder weniger großen sportlichen Anteil oder einem gewissen Maß an (Tauch-)Technik verbunden. All das macht jedoch nur halb so viel Freude, wenn man sich unter Wasser nicht »wohl temperiert« fühlt. In erster Linie liegt das immer am Tauchanzug – egal ob der heimische Stausee, glasklare, kühle Gebirgsflüsse oder auch tropische Meere betaucht werden.

Während das Trockentauchen früher als exotisch galt und oft als Domäne von Berufstauchern angesehen wurde, bietet der Markt heute Trockentauchanzüge in vielen verschiedenen Ausführungen – vom Modell für das Tauchen am Polarkreis bis zum leichten Anzug für die Tropen. Erst mit der Wahl des richtigen Anzugs wird es auch in unseren Breiten möglich, das ganze Jahr hindurch zu tauchen – ob unter Eis oder nur im herbstlichen Berg- oder Baggersee.

Dieses Buch wendet sich an ambitionierte Sporttaucher und Instruktoren. Zwar ersetzt es auf keinen Fall eine fundierte Ausbildung und Fachberatung, will aber Einsteigern mit praktischen Tipps die Scheu vor dieser Art zu tauchen nehmen. Trockentauchen ist keine geheime Wissenschaft, sondern eröffnet einfach mehr Möglichkeiten, den Tauchsport auszuüben. Mit seinem technischen Teil soll das »Handbuch Trockentauchen« durchaus auch als Entscheidungshilfe für einen Anzugkauf dienen. Tauchausbilder finden hier ein Handbuch, das in dieser umfassenden Form einmalig ist. Selbst der »Profi« wird darin eine Vielzahl von Tipps und neuen Anstößen finden, die ihm helfen, das Trockentauchen besser, leichter, wärmer und trockener zu erleben und zu vermitteln.

Das Autoren-Team würde es sich wünschen, den einen oder anderen noch zögernden Taucher zu ermutigen, eventuelle Bedenken zu überwinden und den Tauchsport im Trockentauchanzug in seiner ganzen Vielfalt zu erleben.

Jochen Prey
Thomas Kromp
Frank Schneider

Warum Trockentauchen?

Die Gewässer in Deutschland sind ab ca. 7 m Wassertiefe das ganze Jahr über durchgehend kalt. Unter kalt versteht man im Sinne der Europa-Norm EN 250 Temperaturen von 10 °C und niedriger. Trockentauchanzüge sind jedoch keineswegs nur für Kaltwassertauchgänge geeignet. Auch Taucher, die täglich in Wassertemperaturen um die 20 °C tauchen, wissen die Vorteile eines Trockentauchanzuges zu schätzen. Galten Trockentauchanzüge noch vor einigen Jahren als »exotisch« und waren vornehmlich bei Extremtauchgängen etwa unter Eis im Ensatz, so werden sie heute sogar in den Tropen eingesetzt. Viele Taucher, besonders Tauchlehrer und -guides, die im Roten Meer in den Wintermonaten ins Wasser springen, tauchen trocken. Längst haben sich die Hersteller auf die mittlerweile hohe Akzeptanz der Trockentauchanzüge bei den Sporttauchern eingestellt und ihr Angebot entsprechend erweitert. Tropentrockentauchanzüge sind längst keine abschätzig beurteilte Randerscheinung mehr, sondern bei vielen Tauchsporthändlern Teil des normalen Sortiments. Diese Entwicklung der letzten Jahre hat zur Folge, dass immer mehr Taucher das Trockentauchen erlernen wollen.
Im kalten Wasser tauchen zu können, eröffnet Möglichkeiten, die weit über das Sporttauchen hinausgehen. Trockentauchen erscheint auf den ersten Blick zwar sehr schwierig und aufwändig, die Gruselgeschichten, die darüber vor geraumer Zeit kursierten, haben aber mit dem heutigen modernen Trockentauchen nichts mehr zu tun. In nördlichen Ländern lernen viele Tauchanfänger zuerst das Trockentauchen, um nicht sofort von der Kälte des nassen Elements abgeschreckt zu werden, und seitdem es moderne Trockentauchanzüge gibt, tauchen vor allem die Tauchlehrer sogar in den Tropen sehr gern trocken.
Das liegt daran, dass sich der Trockentaucher in aller Regel in seinem Anzug wohler fühlt als ein Nasstaucher – und er taucht sicherer. Er ist schneller angezogen, der Anzug drückt und kneift ihn nicht, er bleibt warm und trocken, beugt Rheuma vor, schützt die Nieren, verlangsamt die Dehydrierung und verringert die Stickstoffaufnahme.
Aber was ist nun wirklich anders als beim Nasstauchen? Der Trockentaucher hat einen Mitteldruckschlauch mehr, damit er Luft in den Anzug einblasen kann. Diese Luft verteilt sich zwischen

Körper und Anzug. Außer mit der Luft im Jacket beim Ab- und Auftauchen muss er zusätzlich mit der Luft im Anzug umzugehen wissen. Das ist im Prinzip schon alles, und so einfach ist es auch tatsächlich, wenn das Thema ohne Kompromisse angegangen wird.

Eine fundierte Ausbildung führt schnell zu einem guten Trockentaucher. Dieser kann alsbald kopfwärts abtauchen, braucht genauso viel oder wenig Blei wie ein Nasstaucher und benötigt erst recht kein Fußblei. Der moderne Trockentaucher hat auch keine Druckstellen am Hals und sieht auch nicht aus wie ein hyperaktiver Sportler im Hochsommer. Kurzum: Trockentauchen macht Spaß, und wer etwas anderes behauptet, hat es vermutlich nie richtig gelernt.

Der Trockentaucher braucht eine fundierte Ausbildung.

Der Trockentauchanzug

Abgesehen von rein ästhetischen Aspekten wie der Farbe lassen sich Trockentauchanzüge generell nach drei Gesichtspunkten klassifizieren: zuerst nach dem verwendeten Anzugmaterial, dann nach Führung oder Anordnung des gasdichten Reißverschlusses und schließlich nach dem beabsichtigten Einsatzzweck.

Materialkunde

Der gasdichte Reißverschluss

Wichtigster und auch empfindlichster Teil jedes Trockentauchanzugs ist der gas- und wasserdichte Reißverschluss, durch den der Taucher in den Anzug einsteigt. Dieser besteht aus zwei Reihen von Metall- oder Kunststoffzähnen, die etwas gegeneinander

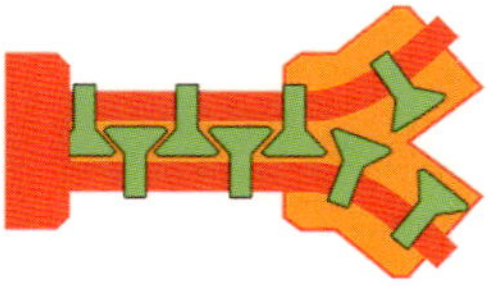

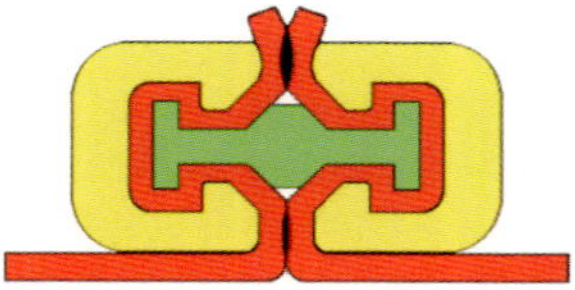

versetzt sind. Der Reißverschlussschieber führt den sogenannten inneren und äußeren Zahn ineinander und presst das Gummimaterial darunter so zusammen.

Das Patent für Verschlüsse dieser Art stammt schon aus dem Jahre 1917, die gas- und wasserdichte Ausführung ist aber erst für die Raumfahrt entwickelt worden.

Neopren

Neopren kam in den 20er-Jahren unter der Bezeichnung Neoprene oder auch Polychloropen auf den Markt und wurde zunächst

Merke

1. Der Reißverschluss wird nur mit Wachs und auf keinen Fall mit Silikon gepflegt.

2. Hin und wieder kann man den Reißverschluss auch mit Seifenlauge oder im Extremfall bei besonders starker Verschmutzung mit Essiglösung säubern, danach muss er wieder gut gewachst werden.

nur als »Glatthaut« ohne Kaschierung hergestellt. Heute gibt es glattes und offenporiges Neopren, das sich extrem gut am Körper ansaugt und damit wärmend und strömungsgünstig zugleich ist. Es wird daher vor allem von Apnoetauchern geschätzt. Bei Trockentauchanzügen aus Neopren sind jedoch andere Eigenschaften wünschenswert.

Die Qualität des Neoprens ist ein entscheidender Faktor für die Langlebigkeit eines Neoprentrockentauchanzugs. Danach spielt die Weiterverarbeitung der Materialien ebenfalls eine wichtige Rolle.

Zu den Inhaltsstoffen der Kunstkautschukverbindung Neopren gehören Ruß, Weichmacher und Blähmittel. Die Materialien werden genauestens ausgewogen und vermengt und dann in mehreren Arbeitsgängen zu Neoprenplatten gewalzt. Zwischen den Arbeitsgängen muss das Material ruhen, damit durch die Blähmittel die gewünschte Konsistenz des Neoprens erreicht wird. Die Platten kommen zunächst in einen temperierten Raum, um weiter auszugasen. Bei der Verarbeitung sind genaue Zeitabläufe, Temperaturen und Drücke auf das Material einzuhalten. Am Ende der Produktion sorgt eine Heizpresse mit über 140 °C für die Endform der Neoprenplatte. Nun werden die Platten mit einem speziellen Messer auf die gewünschte Stärke zugeschnitten. Die fertigen Neoprenplatten haben schließlich Stärken zwischen 0,5 und 8 mm.

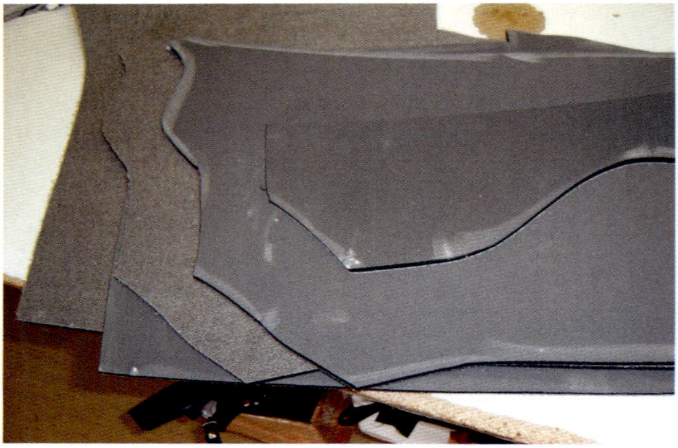

Neoprenplatten gibt es in verschiedenen Stärken entsprechend den unterschiedlichen Einsatzbedingungen.

Die Verarbeitung der Klebenähte ist für die Qualität eines Tauchanzugs von entscheidender Bedeutung.

Nach diesem Zuschnitt wird die gewünschte Innen- und Außenkaschierung aufgebracht. Wie beim Neopren gibt es bei der Kaschierung ebenfalls große Qualitätsunterschiede in Bezug auf Dehnfähigkeit und Haltbarkeit. Auch der Kleber und der Arbeitsablauf mit der Klebewalze sind entscheidend für hochwertige Qualität. Angenehm weiches Material weist eine geringere »Shorehärte« auf und ist daher schneller komprimierbar ist. Das bedeutet aber auch eine geringere Wärmedämmung.
Bei der Herstellung eines Trockentauchanzugs aus Neopren ist vor allem die Verarbeitung der Klebenähte von Bedeutung.
Die Neoprenkanten werden mehrfach mit Kleber eingestrichen, bis die Oberfläche porenfrei ist. Zwischen den Arbeitsgängen muss der Kleber immer wieder aushärten. Danach wird der Anzug außen mit einer doppelten Blindstichnaht auf einer Pelzmaschine vernäht. Die innere Naht wird mit flüssigem Kautschuk vergossen und nach dem Aushärten mit einem elastischen Abdeckband überklebt. Nach der Aushärtung der Nähte muss nach der EN 14225-2 der Anzug auf Dichtigkeit abgedrückt werden.

Tipp

»Shore« ist ein Prüfverfahren, mit dem die Härte eines Werkstoffes gemessen wird. Unter Härte wird in diesem Fall der Widerstand verstanden, der dem Eindringen eines Probekörpers entgegengebracht wird.

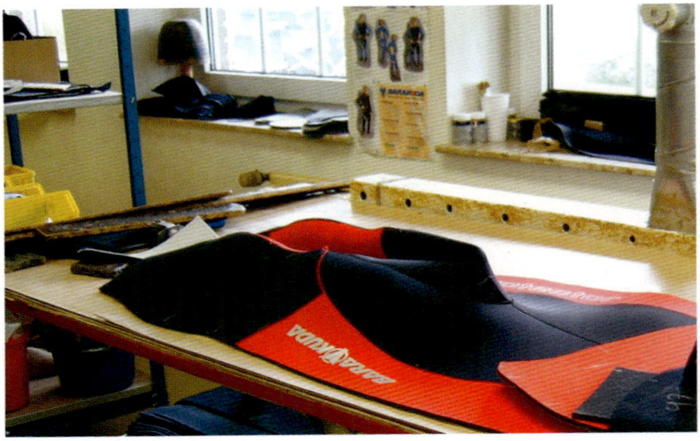

Die Fertigung
ist ebenso aufwändig wie die nachfolgende Dichtigkeitsprüfung.

Merke

1. Für die Prüfung muss ein vollständiger Anzug mit allen angebrachten Zusatzteilen geprüft werden. Alle Abdichtungen des Anzuges müssen geschlossen sein.

2. Der Anzug muss mit Luft mit einen Mindestdruck von 20 Millibar aufgeblasen werden und vollständig unter Wasser eingetaucht werden. Die Prüfungen müssen 15 Minuten in Rücken- und 15 Minuten in Bauchlage durchgeführt werden.

Trilaminat

Trilaminattrockentauchanzüge bestehen aus drei Materialschichten. Jede dieser Lagen ist aus einem sehr leichten und flexiblen Werkstoff gefertigt. Die drei Schichten unterscheiden sich jedoch in ihrer Beschaffenheit. Die mittlere Schicht des Trilaminats besteht aus einem Trägergewebe und gibt dem Anzug die Stabilität. Die innere Schicht dichtet den Trockentauchanzug ab. Sie besteht in vielen Fällen aus Polyurethan (PU) oder Butyl. Sie ist an den Schnittkanten gebördelt, genäht und hochfrequenzverschweißt. Diese Verarbeitung dichtet ab und sorgt für eine lange Lebensdauer. Die äußere Schicht besteht aus verschiedenen Nylongarngeweben mit unterschiedlichen Denier-Stärken oder aus Cordura. Bei vielen Trockentauchanzügen aus Trilaminat werden die innere und äußere Materialschicht aus dem gleichen Nylongewebe gefertigt.

Trockentauchanzüge aus Neopren

Neopren ist ein sehr dehnbares, dauerelastisches Material aus polymerisiertem (geschäumtem), synthetischem Kautschuk. Im Material befinden sich unzählige, gleichmäßig verteilte Luftblasen, die dem Material seine hervorragenden thermischen Isoliereigenschaften verleihen. Neopren kommt in unterschiedlichen Ausführungen zur Verarbeitung.
Glattneopren oder einseitig kaschiertes Neopren ist nur auf einer Seite mit einem Textilgewebe beschichtet. Dieses Material wird sehr häufig als Dichtstreifen eingesetzt oder als Manschette verarbeitet. Seltener werden daraus ganze Anzüge gefertigt. In diesen Fällen sind die Trockentauchanzüge innen kaschiert und außen glatt. Sie werden aus 4 bis 7 mm starkem Neopren hergestellt. Das glatte Neopren hat durch seine einseitige Kaschierung eine hohe Flexibilität und passt sich dem Körper außerordentlich gut an.

Tipp

Cordura hat die Eigenschaft, sich unter Hitzeeinwirkung weiter zu verfestigen. Cordura ist aus mehreren Nylonfäden zu einem stärkeren Faden verwirkt und daher haltbarer. Cordura Plus ist eine leichtere Faser und beständiger gegen Ausbleichung durch die Sonne 1996 wurde von DuPont mit Cordura Plus Natural eine Kunstfaser mit den Eigenschaften natürlicher Baumwolle vorgestellt.

Die am meisten verarbeiteten Materialien sind Neopren und Trilaminat.

Trockentauchanzüge aus Glattneopren weisen einen geringen Strömungswiderstand auf und trocknen sehr schnell. Ein Nachteil ist die sehr hohe Empfindlichkeit gegenüber mechanischen Belastungen. Schon kräftiges Dehnen beim Anziehen in Verbindung mit einem eingerissenen Fingernagel kann die Oberfläche einreißen lassen. Der Auftrieb von Glattneoprenanzügen ist mittelstark, da durch den körpernahen Schnitt keine großvolumigen Unterzieher getragen werden können.
Die mit Abstand meisten Neoprentrockentauchanzüge werden aus beidseitig kaschiertem Neopren gefertigt. Dabei sind Innen- und Außenseiten teilweise mit unterschiedlichen Geweben beschichtet. Verarbeitet werden meist speziell auf ihre Anwendungen abgestimmte Textilgewebe. Materialien wie Nylon, Cordura, Lycra, Tufftex, Kevlar oder Coraltex sind einige davon.
Die Innenkaschierung wird je nach Hersteller unterschiedlich ausgeführt. Bei sogenanntem Metallplüsch, Keramikplüsch oder Nylongewebeplüsch sorgt ein plüschähnliches Gewebe auf der thermoreflektierenden Oberfläche für angenehmen Tragekomfort. Trockentauchanzüge ohne Plüschfutter sind etwas leichter und haben weniger Volumen. Außerdem trocknen Neoprenanzüge mit einer glatten Innenkaschierung schneller. Sie sind auch leichter abzudichten.

Merke

1. Neoprentrockentauchanzüge werden mit Materialstärken zwischen 1,5 mm und 7 mm angefertigt.

2. Das Neoprenmaterial hat dabei oft verschiedene Bezeichnungen. Begriffe wie Crush, Crash, Compressed, Hyper Compressed und Semikomprimiert geben einen Hinweis auf eine Verdichtung des Materials.

3. Zusatzbezeichnungen wie Soft, Super Soft oder ähnliche sollen auf den besseren Tragekomfort verweisen, andere Bezeichnungen wie Extreme oder HD auf die Art der möglichen Beanspruchung oder die hohe Abriebfestigkeit der äußeren Neoprenbeschichtung hinweisen. HD steht für Heavy Duty (engl. für »starke Beanspruchung«) und wird gerne als Synonym für besonders robuste Oberflächen benutzt. Soft oder Smooth (engl. für »weich«, »sanft«) Neopren steht für anschmiegsame Neoprentrockentauchanzüge. Deren Rückstellkräfte, also der Zwang, sich in eine bestimmte Ausgangslage zurückzuformen, sind gering.

Tipp

Beidseitig beschichtete Neoprentrockentauchanzüge werden seit Jahrzehnten bei den Taucheinheiten der Bundeswehr eingesetzt.

Anzug aus Crashneopren

Neoprenanzüge aus beidseitig beschichtetem Material sind relativ einfach an ihrer Materialstärke zu erkennen. Ein 6,5 mm starker Trockentauchanzug ist – im Gegensatz zu bereits vorkomprimiertem Neopren – aus unkomprimiertem Ausgangsmaterial gefertigt. Das elastische Neopren wird beim Tauchen durch den Umgebungsdruck der Tiefe entsprechend komprimiert und dehnt sich beim Höhertauchen wieder aus. Der Isolationswert dieses Anzugtyps ist ausgezeichnet, so dass Neoprentrockentauchanzüge im Normalfall mit dünnem Unterzieher getaucht werden. Die Reparatur ist einfach, kleine Schnitte oder Löcher kann man selbst gut reparieren, allerdings sind die Rückstellwerte dieses Neoprenmaterials recht hoch. Auch Packmaß und Gewicht der unkomprimierten Neoprentrockentauchanzüge sind beträchtlich. Die Verarbeitungsqualität ist aufgrund jahrelanger Erfahrung der Hersteller mit diesem Material meist hervorragend.
Bei Trockentauchanzügen aus komprimiertem Neopren wird das Ausgangsmaterial bleibend verformt.

Primär ausschlaggebend für die Qualität des komprimierten Neoprens sind die Qualität und die Stärke des Ausgangsmaterials.

Einige Hersteller verwenden dabei 9 mm starkes Neopren und reduzieren dessen Volumen auf 5,5 mm. In anderen Fällen wird aus weniger starkem Material ein auf 3 bis 5 mm komprimiertes Neopren produziert.
Ein weiteres Qualitätsmerkmal ist die Art der Komprimierung der Neoprenplatten, aus denen ein Anzug geschneidert wird. Viele Hersteller pressen das Neopren unter zwei Stahlplatten mit mehreren Tonnen Druck auf die entsprechende Stärke. Alternativ wird das Material durch Walzen unter Zuführung von Wärme komprimiert. Bei diesem Verfahren werden die Gasblasen im Material komprimiert und durch die Wärme verkleben die einzelnen Gasblasen noch nachhaltiger als beim alleinigen Pressen. Die Außenseite wird mit mehr oder weniger abriebfesten Geweben beschichtet. Einseitig beschichtetes Neopren wird bei diesen Anzügen nur in dünnen Materialstärken als Hals- oder Armmanschetten eingesetzt. Zur Wärmeisolation reicht der Trockentauchanzug aus, jedoch wird aus hygienischen Gründen empfohlen, Unterwäsche zum Feuchtigkeitstransport zu tragen. Wenn

unter extrem kalten Bedingungen länger getaucht wird, kann die Isolation allerdings durch Unterzieher noch beträchtlich gesteigert werden. In diesem Fall ist eine Maßanfertigung für einen körpernahen Schnitt auch mit Unterzieher unerlässlich.

Grundsätzlich wird die beste Passform für Trockentauchanzüge aus komprimiertem Neopren durch eine Anfertigung auf Maß oder Teilmaß erreicht.

Trockentauchanzüge aus sog. Hyper Compressed (engl. für »extrem komprimiert«) Neopren werden meist auf eine Stärke von 1,5 bis 2 mm gepresst. Durch die hierbei bewirkte dauerhafte Verdichtung des Materials gehen dessen Isolationseigenschaften weitgehend verloren, erhalten bleibt aber die hohe Flexibilität. Ein Vorteil gegenüber den anderen Neoprentrockentauchanzügen sind die dadurch entstandenen geringen Materialrückstellkräfte.
Zur Wärmeisolation ist immer ein der Außentemperatur angepasster Unterzieher nötig. Dessen Auftrieb ist je nach Ausführung oder Lufteinschluss ziemlich hoch. Wegen der benötigten Unterzieher muss der Anzugschnitt weiter als bei normal komprimierten Trockentauchanzügen ausfallen. Auch sollten bei diesen Modellen Hosenträger von innen im Trockentauchanzug angebracht sein, um einen korrekten Sitz des Hosenteils (Beinlänge) des Anzugs zu gewährleisten.

Tipp

Der Vorteil der komprimierten Neoprentrockentauchanzüge besteht im geringeren Auftrieb durch die Reduzierung des Materialvolumens. Dadurch kann die Bleimenge zur Kompensation des Auftriebs gering gehalten werden. Ein weiterer Vorteil ist, dass die Isolationswerte des Anzugs unverändert bestehen bleiben und durch das geringere Volumen eine bessere Bewegungsfreiheit erreicht wird.

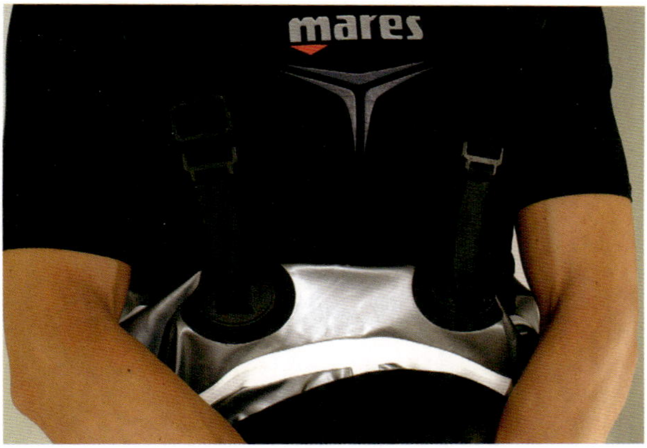

Hosenträger sorgen für einen guten Sitz des Hosenteils.

Merke

1. Grundsätzlich gilt für die gesamte Ausrüstung, dass sie trocken, kühl und in abgedunkelten Räumen lagern soll. Im Gegensatz jedoch zu Trilaminatmaterialien bedarf Neopren einer etwas aufwändigeren Pflege. Die elastische Kautschukmischung unterliegt nämlich einigen immer wiederkehrenden Belastungen, die nicht nur in Form der ständigen Druckzunahme und -entlastung während des Tauchens auftreten.

2. Ein Druckproblem tritt schon beim Flug in die Urlaubsländer auf. Neopren wird bei 1 bar Umgebungsdruck hergestellt und ist bei diesem auf Meereshöhenniveau herrschenden Umgebungsdruck sozusagen in seinem »Normalzustand«. Der Kabinendruck beträgt je nach Flugzeugtyp zwischen 0,7 und 0,85 bar. Die für den Menschen nur geringe Druckabweichung hat auf das Neoprenmaterial einen weitaus gravierenderen Einfluss, denn sie führt dazu, dass sich die Gasblasen im Neopren während der Flugzeit – für ihre Verhältnisse extrem – ausdehnen, und das auch noch über eine sehr lange Flugdauer. Je öfter ein solcher Vorgang – beim Fliegen wie beim Tauchen – auf die Gasblasen im Neopren einwirkt, desto mehr verliert das Material an Elastizität und auch an Isolationseigenschaft. Natürlich wird der Taucher eine solche Veränderung nicht nach einem oder zwei Tauchurlauben feststellen, aber nach einigen Jahren kann Neopren deutlich erkennbare Abweichungen gegenüber seinem Neuzustand zeigen. Bei Crashneopren sind diese Veränderungen übrigens weniger gravierend als beim unkomprimierten Neopren. Extrem können die Abweichungen beim High-Stretch-Material sein.

3. Besonders negativ auf die Lebensdauer wirken sich sehr hohe Temperaturen aus. In den Urlaubsgebieten haben die Autoren auf ihren Reisen sehr häufig beobachtet, dass die Nass- oder Trockentauchanzüge in direkter Sonneneinstrahlung oder oft sogar im Kompressorraum bei bis zu 70 °C Temperatur förmlich »gebraten« werden. Was bei solchen Bedingungen mit dem Neopren und der Kaschierung passiert, kann man sich leicht ausmalen. Die Komponenten Neopren, Kleber, Weichmacher und Kaschierung verlieren dabei teilweise ihre ursprünglichen Materialeigenschaften. Das Material verändert sich: Es trocknet aus, läuft ein und wird spröde. Durch Sonneneinstrahlung und Wärme verwandelt sich der Tauchanzug dadurch in ein völlig anderes und vor allem viel schlechteres Produkt. Da Neopren und Kaschierung unterschiedliche Dehnungsfaktoren haben, kann sich bei hohen Temperaturen auch die Kaschierung nach kurzer Zeit lösen. Generell sollte kein Tauchanzug – also auch kein Trockentauchanzug – unter solchen Bedingungen getrocknet und gelagert werden.

Anzüge aus Materialkombinationen

Twin-Shell-Trockentauchanzüge bestehen aus zwei Teilen. Der Taucher trägt dabei meist einen Trockentauchanzug aus Glattneopren. Zum Schutz gegen Beschädigungen wird als Außenhülle ein Nylonoverall über den Neoprenanzug gezogen. Dessen Belastbarkeit wird in Denier (DEN) angegeben (zum Beispiel 800 DEN). Je höher die Zahl, umso besser die Abriebbeständigkeit. Die Außenhülle bietet die Möglichkeit der individuellen Gestaltung, etwa in Bezug auf Taschen und Farben. Die Größentoleranz ist gering; zu große Twin-Shell-Anzüge neigen zu Faltenbildung. Der Materialwiderstand ist ebenfalls gering, das Auftriebsverhalten ähnlich wie beim Glattneopren. Der Nylonoveralls liefert praktisch keinen Auftrieb. Je nach Schnitt kann von Thermounterwäsche bis zum dicken Unterzieher alles unter dem Anzug getragen werden. Der Glattneoprenanzug und die Außenhülle sind meistens, etwa zu Reparaturzwecken, trennbar. Die Packmaße sind bei dieser Bauart recht groß.

Trockentauchanzüge aus Trilaminat

Als Trilaminat werden unterschiedliche Materialverbindungen bezeichnet. Sie bestehen meistens aus einer äußeren Nylonlage, einer Mittellage aus Butylkautschuk und einer Innenlage wiederum aus Nylon. Je nach Stärke der Butylschicht und der Eigenschaften der Oberflächenmaterialien ist das Trilaminat weicher

> **Tipp**
>
> Nach vielen Flügen und sehr vielen Tauchgängen kann es durchaus sein, dass das Gasvolumen der Blasen im Neopren abgenommen hat und damit auch der Anzug kleiner oder vermeintlich enger geworden ist. Diesen Umstand müssen Taucher hinnehmen – er lässt sich unter normalen Umständen weder aufhalten noch verändern. Einzig mit dem Transport in einem luftdichten Koffer auf Flugreisen haben Vielflieger die Chance, das Phänomen des »Neopren-Schrumpfens« zu mindern.

Längere Begegnungen mit Fischen werden erst mit dem Trockentauchanzug möglich.

Tipp

Trockentauchanzüge aus Trilaminat gelten als besonders haltbar und sind je nach ausgewähltem Oberflächenmaterial äußerst abriebfest. Weichere Laminate liegen besser am Körper als harte und haben geringere Rückstellkräfte.

oder härter. Bei einem weichen oder besonders leichten Trockentauchanzug dieses Typs wird bei der Herstellung großer Wert auf geringe Rückstellkräfte und einen angenehmen Tragekomfort gelegt.

Bei den Heavy-Duty-Trilaminatanzügen wird größerer Wert auf die Haltbarkeit des Materials als auf den Komfort gelegt. Seitdem dehnbares Material zusammen mit einer neu entwickelten Materialschichtung zu elastischem Trilaminat verbunden wurde, ist der Spagat zwischen Tragekomfort und Haltbarkeit des Materials scheinbar gelungen.

Mit der ständigen Weiterentwicklung von elastischen und widerstandsfähigen Materialien ist in Zukunft mit einer weiteren Perfektionierung der Trockentauchanzüge aus Trilaminat zu rechnen. Erste Hersteller beginnen die Palette der Laminatanzüge um Modelle zu erweitern, die vier anstelle der derzeit üblichen drei Schichten aufweisen. Die gängigen Verarbeitungstechniken sind Nähen, Kleben und Schweißen. Besonderes Augenmerk sollte auf die Abdichtungen der inneren Nähte gelegt werden. Sie sollten aus dauerelastischem Material bestehen und die Nähte möglichst breit abdecken.
Das Anzugmaterial erzeugt keinen eigenen Auftrieb und wird durch zunehmenden Druck in der Tiefe nicht komprimiert. Trilaminat bietet allerdings auch keinen Kälteschutz. Aus diesem Grund ist ein der Umgebungstemperatur angepasster Unterzieher unbedingt erforderlich. Die Größentoleranz ist ausgezeichnet, da die Anzüge weit geschnitten sind. Trilaminatanzüge lassen sich äußerst platzsparend verpacken, der Anzug trocknet sehr schnell und das Gewicht ist gering.

Am Rücken gekreuzte Hosenträger bei einem Tauchanzug aus Trilaminat

EPDM/ Gummi

Ethylen-Propylen-Dien-Kautschuk, kurz EPDM, ist ein thermopolymeres Elastomer-Gummi. Trockentauchanzüge aus EPDM weisen eine ausgezeichnete Resistenz gegen Öl und Chemikalien auf. Sie lassen sich sehr gut dekontaminieren, zum Beispiel mit einem Dampfstrahlgerät. Zudem sind Trockentauchanzüge aus EPDM noch bei niedrigen Temperaturen flexibel.
Auch bei diesem Material werden verschiedene Ausführungen

am Markt angeboten. Am einfachsten lassen sie sich anhand der Materialstärke oder dem Gewicht in g/m² einordnen. Sie wiegen zwischen 1000 g/m² und 1500 g/m². Je größer das Gewicht des Anzugs, desto stärker kann er beansprucht werden. Trockentauchanzüge aus Gummi/EPDM sind gegenüber Trilaminatanzügen eher schwergewichtig.
Das Material wird bei der Verarbeitung geklebt sowie innen und außen genäht und vulkanisiert. Von vielen Herstellern werden die Innennähte zusätzlich mit einem Band abgeklebt.
Dicke Unterzieher schränken die Beweglichkeit allerdings erheblich ein. Die Größentoleranz ist gering, zu große Anzüge neigen zu deutlicher Faltenbildung. Bei richtiger Pflege und wenig Sonneneinstrahlung sind Trockentauchanzüge aus EPDM sehr lange haltbar und gelten als unverwüstlich. Das Packmaß entspricht etwa dem von Trilaminatanzügen. Gummianzüge trocknen sehr schnell. Der Einsatzbereich der Gummianzüge reicht vom Sporttauchen über den Profitauchbereich bis hin zu bestimmten militärischen Aufgaben. Dennoch ist das Angebot für Sporttaucher eher klein.

Tipp

Bei Tauchanzügen aus EPDM/ Gummi lassen sich Beschädigungen mit Fahrradflickzeug einfach und schnell reparieren.

Polyurethan

Trockentauchanzüge werden auch aus PU (Polyurethan) gefertigt. Dieses Material wird zum Beispiel unter anderem für die Innenschläuche von Schlauchbooten verwendet. Das Erscheinungsbild gleicht dem der einschaligen Tarierjackets. Die Außenseite des Anzuges ist mit einer Nylonbeschichtung versehen, während die Innenseite aus glattem Kunststoff besteht. Polyurethan wird genäht, gefaltet und verschweißt. Der Werkstoff bietet keinerlei Wärmeisolation. Auch hier ist deshalb ein der Umgebungstemperatur angepasster Unterzieher unabdingbar. Polyurethan wird durch zunehmenden Umgebungsdruck nicht komprimiert. Das Gewicht ist wie bei den Anzügen aus Trilaminat eher gering. Ein Trockentauchanzug aus Polyurethan trocknet schnell und hat ein geringes Packmaß.

Forschung und Technik sorgen dafür, dass immer mehr unterschiedliche Materialmischungen auf den Markt kommen. Nur bei genauer Analyse des geplanten Einsatzzwecks kann der jeweils »richtige« Trockentauchanzug ausgewählt werden.

Tipp

Zwar gelten Trockentauchanzüge aus PU als preisgünstige Anzüge für Einsteiger und sind leicht zu pflegen, sie haben aber auch Nachteile. So ist das Größenangebot limitiert und Reparaturen sind aufwändiger und schlecht selber durchzuführen. Bei Kälte wird das Material steif und entwickelt höhere Rückstellkräfte als im warmen Zustand.

Lage und gute Handhabbarkeit des Reißverschlusses entscheiden maßgeblich über die Praxistauglichkeit eines Trockentauchanzugs.

Auswahl nach Reißverschlussführung

Neben den verwendeten Materialien ist auch die Führung der gasdichten Reißverschlüsse ein wichtiges Unterscheidungskriterium bei der Wahl eines Trockentauchanzugs. Denn Länge und die Position des Reißverschlusses sind entscheidend für ein einfaches Anlegen des Trockentauchanzugs.
Moderne Trockentauchanzüge sind mit gasdichten Reißverschlüssen ausgestattet. Das war jedoch nicht immer so, wie man noch heute am klassischen Helmtauchgerät erkennen kann. In den Anfängen des Berufstauchens wurde mit Trockentauchanzügen getaucht, die durch die Halsmanschette bestiegen wurden. Diese Halsmanschette wurde von Helfern zum Einsteigen gedehnt. Verschlossen und abgedichtet wurde der Tauchanzug, indem der Tauchhelm mittels Bolzen und Muttern fest mit dem Anzug verschraubt wurde.

Erst mit der Einführung des gasdichten Reißverschlusses ist das Anlegen des Trockentauchanzugs zu einem einfachen Vorgang geworden.

Rückenreißverschluss

Ein kurzer, auf dem Rücken eines Trockentauchanzugs positionierter Reißverschluss ist ein Indiz für ein preisgünstiges Produkt. Ein- und Ausstieg sind durch die kleine Öffnung, die der kurze Verschluss zulässt, recht beschwerlich. Dabei spielt es keine Rolle, ob der Anzug aus Neopren oder einem anderen Material gefertigt ist. Der einzige Vorteil eines kurzen Reißverschlusses liegt in der preiswerten Reparatur.
Ein langer, von Schulter zu Schulter über den Rücken verlaufender Reißverschluss ist ein guter Kompromiss zwischen Kosten und Nutzen. Durch seine Ausführung ergibt sich eine weitaus größere Einstiegsöffnung als bei einem kurzen Rückenverschluss. Damit wird ein erheblich bequemerer Einstieg in den Anzug erlaubt. Der Preisunterschied zu einem Anzug mit kurzem Reißverschluss hält sich zumeist in Grenzen.
Rückenreißverschlüsse sind an einer Stelle angebracht, an der das Material eines Tauchanzugs nur selten geknickt wird und somit nicht so leicht mit Beschädigungen gerechnet werden

Klassischer Helmtauchanzug
Auch bei dieser mittlerweile veralteten Technik handelt es sich um Trockentauchanzüge.

muss. Der einzige echte Nachteil dieser Reißverschlussführung besteht darin, dass zum Schließen und Öffnen der Tauchpartner oder ein anderer Helfer benötigt wird.

Diagonaler Reißverschluss

Für die diagonale Führung von der linken Schulter über den Torso bis hin zur rechten Hüfte wird ein sehr langer Reißverschluss benötigt. Diese Variante lässt einen bequemen Einstieg erwarten. Das ist aber nur der Fall, wenn sich der Torsoteil des Anzugs strecken lässt (»Teleskop-Schnitt«). Ist der Oberkörperbereich nicht verlängerbar, muss sich der Taucher für den Einstieg ver-

1

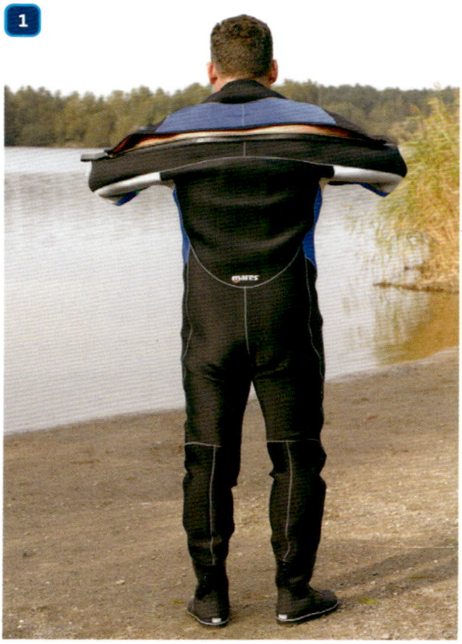

2

Verschiedene Reißverschlussysteme
Rückenreißverschluss (1), diagonaler Reißverschluss (2), lang geführter Reißverschluss (3) und Reißverschluss quer vor der Brust (4)

renken: Er muss den Kopf sehr stark zur Seite neigen, um ihn dann durch die Halsmanschette zu führen. Teleskoptorsos werden bei Neopren- und Trilaminatanzügen gleichermaßen verbaut. Bei einer Maß- oder Teilmaßanfertigung kann man den Oberkörper jedoch einige Zentimeter länger fertigen lassen. Auf diese Weise wird der Komfort erheblich gesteigert. Ein weiterer Vorteil: Der Taucher kann den Reißverschluss allein bedienen.

Lang geführte Reißverschlüsse

Die Reißverschlussführung von der Brustmitte in den Nacken hinter den Kopf bis hin zur Mitte der Hüfte auf der gegenüberliegenden Seite ist derzeit die längste Einbauvariante. Sie ist aber auch die teuerste, wie ein Blick in die Reparaturpreisliste der Hersteller zeigt. Bedingt durch die Länge bietet diese Reißverschlussführung sehr viele Möglichkeiten für Knickstellen. Der Bereich der Hüftmitte zählt dabei zu den anfälligsten, etwa wenn sich der Taucher mit angelegtem Bleigurt bückt und ein Gewicht auf die Verschlusszähne drückt. ist. Auch bei dieser Führung kann der Taucher den Reißverschluss ohne Hilfe betätigen.

3

4

Quer vor der Brust

Ein langer Reißverschluss auf der Vorderseite des Trockentauchanzugs ist die bequemste Möglichkeit, in einen Anzug zu steigen. Außerdem ist er am einfachsten vom Taucher selber zu bedienen. Anzüge mit dieser Reißverschlussvariante sind immer etwas großzügiger geschnitten. Der waagerecht über den Torso verlaufende Reißverschluss wird genau deswegen selten in Neoprentrockentauchanzüge eingebaut: Durch das zusätzlich benötigte Material würde der Anzug zu voluminös und den Taucher in der Bewegungsfreiheit einschränken.

> **Tipp**
>
> Letztlich ist allein die Übung im Umgang mit dem Trockentauchanzug entscheidend für das einfache An- und Ablegen. Ein zu kurzer Reißverschluss wird jedoch auch durch noch so viel Üben nicht komfortabler. Vorsicht bei Schnäppchenangeboten! Wählen Sie den Anzug mit dem besten Preis-/Leistungsverhältnis.

Auswahl nach Verwendung

Die meisten Taucher wünschen sich einen »Allzweck«-Trockentauchanzug, der in vielen verschiedenen Situationen eingesetzt werden kann. Dennoch haben nicht wenige Trockentaucher bestimmte Präferenzen, so etwa die stetig wachsende Schar der »Technischen Taucher«. Generell können Trockentauchanzüge auch nach ihren Einsatzmöglichkeiten eingeteilt werden.

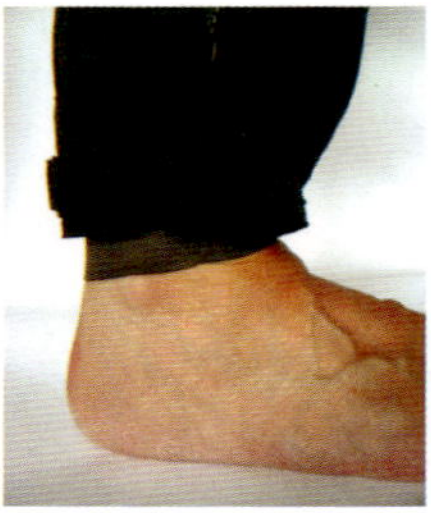

Gängiger Beinabschluss beim Tropentauchanzug mit Latexmanschette

Tipp

Bei starker Ausbildung der Achillessehnen oder starkem Haarwuchs in diesem Bereich muss die Latexmanschette sehr eng anliegen. Anderenfalls kann beim Abtauchen mit dem Kopf voran an dieser Stelle durch den zunehmenden Umgebungsdruck die im Anzug nach oben steigende Luft herausgepresst werden. Ein sehr eng anliegender Füßlingsschaft kann hier gute Dienste leisten.

Einsatz in den Tropen

Eine Sonderstellung unter den Trockentauchanzügen nimmt zweifellos der Tropentrockentauchanzug ein. Diese Anzugvariante ist prinzipiell baugleich mit den »normalen« Trockentauchanzügen. Unterschiede zeigen sich allerdings an den Beinen: Anstatt der fest angesetzten Füßlinge sind dort Latexmanschetten wie an den Armen und am Hals angebracht. Somit können oder müssen normale Füßlinge oder Vollfussflossen verwendet werden.

Im Allgemeinen verbinden Sporttaucher tropische Gestade grundsätzlich mit warmen Wassertemperaturen. Jedoch schon im Europa nächstgelegenen tropischen Gewässer, dem Roten Meer, stellen zahlreiche Taucher jedes Jahr in den Wintermonaten fest, dass auch dort nur Wassertemperaturen um 20 °C herrschen – und fangen meist rasch an zu frieren. Tauchlehrer und Guides, die dort arbeiten und oft mehrmals am Tag ins Wasser gehen, sind sich der gesundheitlichen Risiken durch Unterkühlungen bewusst und tauchen von Dezember bis März meist ausschließlich trocken.

Im Zuge der Non-Limit-Tauchangebote, etwa auf Safaris, hat auch der Sporttaucher die Gelegenheit zu mehreren Tauchgängen pro Tag. So stehen auf Tauchkreuzfahrten manchmal bis zu fünf oder gar sechs Tauchgänge auf dem Programm. Es ist kaum vorzustellen, dass es ein Taucher als angenehm empfindet, nach vier Tauchgängen am Tag an einem auch nur leicht windigen Abend für den Nachttauchgang in einen nassen Neoprenanzug zu steigen. Dabei darf außerdem getrost angenommen werden, dass der Nassanzug bei Sonnenaufgang für den frühmorgendlichen »Early-Morning-Dive« dieselbe klamm-nasse Unbequemlichkeit parat hält wie am Abend zuvor.

Der Tropentrockentauchanzug hat aber nicht nur im Winterurlaub am Roten Meeres seine Berechtigung. Durch die Möglichkeit, ihn mit Unterwäsche, Thermowäsche oder Unterziehern zu tragen und mit verschiedenen Handschuhen und Füßlingen zu kombinieren, sind seine Einsatzmöglichkeiten relativ vielseitig.

Der Tropentrockentauchanzug ist kein Ersatz für den konventionellen Trockentauchanzug: Die nicht fest angesetzten Füßlinge machen ihn ungeeignet für extreme Kaltwassertauchgänge, z. B. unter Eis.

Die farbenfrohe Fauna tropischer Meere zu entdecken, kann den Taucher manchmal ganz schön ins Schlottern bringen. Der Tropentrockentauchanzug macht lange Tauchgänge in den Tropen auch in der kühleren Jahreszeit möglich.

Merke

Trockentauchen mit dem Tropentrockentauchanzug hat sieben entscheidende Vorteile, die sowohl für den Taucher als auch die Tauchschule von Bedeutung sind:

1. Keine Luft im Fuß und damit leichtes Tarieren und Tauchen; keine Probleme aufgrund von Schuhgrößen bei angesetzten Füßlingen, denn der Taucher sucht sich die passenden Füßlinge separat aus.

2. Anfängerausbildung ohne großen Mehraufwand auch im Winter möglich und der Schüler lernt gleich das Trockentauchen.

3. Anzug für den Einsatz vom Kaltwasser bis zum Tropeneinsatz (je nach Unterzieher).

4. Weniger Blei als mit dem Nassanzug.

5. Schnelles und leichtes Anziehen.

6. Geringes Gewicht und kleines Packvolumen haben Vorteile für den Vielflieger.

7. Weitere Einsatzbereiche wie Surfen und Rafting.

Tauchgänge in extrem kaltem Wasser wie hier am Plansee sind eine Domäne der Trockentauchanzüge aus Neopren. (Foto: Wiedmann)

Tropentrockentauchanzüge werden aus Trilaminat und aus Neopren gefertigt. Beide Versionen können statt mit einem Unterzieher auch nur mit wärmender Unterwäsche beim Trilaminatanzug oder schweißdurchführender Wäsche beim Neopenanzug getragen werden. In den Tropen ist das Wasser auch in größeren Tiefen normalerweise nie so kalt, dass ein Thermo-Unterzieher erforderlich ist.

Extrem kalte Tauchgänge

Neoprentrockentauchanzüge werden hauptsächlich für den Einsatz in überwiegend kalten Tauchgebieten oder bei sehr langen Tauchgängen eingesetzt. Der Grund dafür ist die im Gegensatz zu anderen Trockentauchanzügen sehr große Eigenisolierung. Die Isolationswirkung des Neoprens kann bei Tauchgängen in extrem kaltem Wasser noch durch einen Unterzieher, gegebenenfalls sogar mit Heizungssystem, weiter verstärkt werden. Dabei ist allerdings zu bedenken, dass damit die Bewegungsfreiheit zunehmend beeinträchtigt wird.

Starke Beanspruchung

Die sozusagen zweischaligen Twin-Shell-Trockentauchanzüge werden überwiegend für den Einsatz mit hoher Verschleißwirkung eingesetzt. Ihre Außenhülle ist aus einem sehr robusten Material und muss den Innenanzug schützen. Die Außenhülle kann bei Verschmutzung leicht gereinigt und bei Beschädigung problemlos repariert werden. Sie hat keine Dicht- und Isolationsaufgabe, sondern dient lediglich zum Schutz des Innenanzugs.
Lange Lebensdauer
Trockentauchanzüge aus Trilaminat können sehr vielseitig eingesetzt werden. Da sie keine Eigenisolierung aufweisen, können sie je nach Kombination mit einem dünneren oder dickeren und damit wärmeren Unterzieher kombiniert und somit sowohl im

Trockentauchanzüge aus Trilaminat eignen sich für hohe mechanische Beanspruchung.

Besonders unsere heimischen Gewässer bedingen meist den Einsatz eines Trockentauchanzugs.

Sommer als auch im Winter getragen werden. Wer sich als Taucher einen besonders langlebigen Trockentauchanzug wünscht, ist mit einem solchen aus Trilaminat gut beraten, weil das Material und die verschweißten Nähte länger als beim Neoprenanzug halten.

Resistenz gegen Chemikalien

Ethylen-Propylen-Dien-Kautschuk-(EPDM/ Gummi)Trockentauchanzüge sind bei vielen Berufs-Tauchunternehmen im Einsatz. Sie haben große Vorteile, wenn beim Tauchen Kontakt mit Chemikalien oder starke Verschmutzungen zu erwarten sind.
EPDM-Anzüge gelten als sehr widerstandsfähig bei Kontakt mit Ölen und Chemikalien. In diesem Zusammenhang ist auch von Bedeutung, dass sich ein EPDM-Trockentauchanzug einfach und gründlich von solchen Substanzen reinigen (dekontaminieren) lässt, zum Beispiel mit einem Dampfstrahlgerät. Das Material EPDM macht den Trockentauchanzug außerdem auch noch bei niedrigen Temperaturen flexibel.
Die Anzüge werden mit Anschlüssen für alle gängigen Beatmungshelme und Vollgesichtsmasken geliefert

Günstiger Preis

PU-Trockentauchanzüge (aus Polyurethan) werden gerne als preiswerte Alternative gekauft, sind aber nicht bei jedem Hersteller im Programm.

Der Unterzieher

Trockentauchanzüge sollen den Taucher während des Tauchens warm und trocken halten. Doch allein die unkomprimierten Neoprentrockentauchanzug-Modelle wärmen auch ohne Unterzieher. Wenn ein Anzug nicht aus Neopren gefertigt ist, bietet er keinen oder nur sehr wenig Kälteschutz. Deswegen werden unter dem Trockentauchanzug und über der Unterwäsche spezielle Unterzieher getragen. Um nicht zu verrutschen, sollten Unterzieher einteilig und körpernah geschnitten sein. Früher wurden Overalls aus Wolle getragen, die aber lediglich die Feuchtigkeit speichern. Später benutzte man sogenannte »Wooly Bear«-Anzüge, die zwar schon aus Kunstfasern bestanden, aber zum Fusseln neigten. Gewebereste oder Fussel aus der Kleidung können das Auslassventil verstopfen und damit einen Wassereinbruch in den Trockentauchanzug zur Folge haben.

Unterschiedliche Materialien

Moderne Unterzieher bestehen aus mehreren Schichten unterschiedlicher Materialien. Die erste Schicht hat die gleiche Aufgabe wie die Unterwäsche. Sie soll die vom Körper abgegebene

Merke

1. Durch die Unterschiede zwischen der Temperatur im Anzug und der Wassertemperatur sammelt sich an der Innenseite des Anzugs Kondensat. Aus hygienischen Gründen und damit Feuchtigkeit vom Körper weg zur Anzuginnenseite transportiert werden kann, sollte im Trockentauchanzug stets Unterwäsche getragen werden.

2. Es empfiehlt sich spezielle Thermounterwäsche, wie sie der Tauchsport-Fachhandel vertreibt. Es kann aber auch Funktionsunterwäsche benutzt werden, wie sie auch bei anderen Outdoor-Sportarten wie Ski-Langlauf verwendet wird.

3. Je nach klimatischen Bedingungen kann eine entsprechende Qualität ausgewählt werden. Alternativ können bei niedrigen Temperaturen auch mehrere Schichten Kleidung übereinander getragen werden.

Feuchtigkeit von diesem weg transportieren und angenehm auf der Haut zu tragen sein. Ideal sind dafür Polyesterfasern; sie nehmen keine Feuchtigkeit auf und trocknen besonders schnell.
Als nächste Schicht bietet sich das Material »Thinsulate« an. Aufgrund einer speziellen Fasertechnologie weist es eine erheblich größere Gesamtfaseroberfläche pro Volumeneinheit auf und bindet somit mehr isolierendes Gas als herkömmliche Wärmeisolierungen. Atmungsaktivität und geringes Gewicht bei großer Bewegungsfreiheit sorgen für optimalen Tragekomfort. Die Materialstärken werden meist in Gramm oder Unzen pro Quadratmeter oder »squaremeter« angegeben.
Eine weitere Schicht aus Nylon dient dem Schutz der Thinsulate-Faser vor mechanischer Beschädigung. Unterzieher mit einer Außenschicht aus Nylon gleiten auch besonders gut beim oft etwas mühsamen Überstreifen des Trockentauchanzuges. Diese Kunstfaser ist je nach Ausführung wind- und regenfest und somit auch nach dem Tauchgang an der Oberfläche eine angenehme Bekleidung.
Je nach Modell und Hersteller sind die Unterzieher mit einer bis drei Taschen versehen und haben an den Beinen und Ärmeln Gummibänder oder Stege, die das Anziehen erleichtern.
Die Reißverschlüsse sollten von unten nach oben sowie von oben nach unten zu öffnen sein. Lange Reißverschlüsse erleichtern das Anziehen und tiefgezogene das Urinieren. Es gibt ein Damenmodell, bei dem zum Urinieren der Unterzieher nicht abgelegt werden muss. Durch einen zusätzlichen Reißverschluss lässt sich die Rückseite des Unterziehers herunterklappen. Auch Unterzieh-Füßlinge aus gleichen Materialien wie die Unterzieher sind im Fachhandel erhältlich.

Tipp

Zur Sicherheit sollte immer trockene Kleidung zum Tauchen mitgeführt werden. So angenehm es auch ist, schon im Unterzieher zum Tauchplatz zu fahren, so unangenehm ist es, später in der feuchten Unterwäsche nach Hause zu fahren.

Auswahlkriterien

Die Wahl des Unterziehers hängt in erster Linie vom Typ des Trockentauchanzugs ab. Bei Membrananzügen werden die Kriterien in erster Linie die Einsatzmöglichkeiten sein. Einstündige Tauchgänge bei fünf Grad Wassertemperatur, Wintertauchgänge oder Mittelmeertauchgänge im Frühjahr verlangen andere Unterzieher als ein Tauchgang mit einem Trockentauchanzug in warmen Gewässern.

Tipp

Nicht jeder Unterzieher ist für alle Jahreszeiten und Gewässer gleich gut geeignet. Das resultiert aus der unterschiedlichen Anforderung an Wärmeisolation und somit an die Stärke der Hohlfaser des Unterziehers. Diese wird meist in g/m² angegeben oder als Typenbezeichnung durch den Hersteller kenntlich gemacht.

Unterzieher werden nach Einsatzzweck ausgewählt (Foto: T. Christ).

Passform entscheidend

Generell gilt: Optimal ist der Unterzieher, der ein kleines Volumen und eine große Wärmeisolierung aufweist; denn das bedeutet Tauchen mit weniger Blei. Ein nicht zu unterschätzendes Auswahlkriterium ist auch die Wärmeisolierung des Unterziehers in nassem Zustand. Moderne Unterzieher isolieren auch nass noch recht gut. Als weiteres Kriterium muss unbedingt die Passform berücksichtigt werden. Die Schrittlänge muss stimmen, und die Torsolänge sowie die Armlange müssen genauso sitzen wie die Umfänge der Extremitäten. Gegebenenfalls muss man einen Schneider mit entsprechenden Änderungen beauftragen. Daneben muss der Reißverschluss lang genug sein und sich gut bedienen lassen. Von Vorteil sind Ärmel und Beine mit Strickbündchen,

so dass der Unterzieher auch an Land winddicht ist. Sind an Armen und Beinen Gummibänder oder Stege vorhanden, hilft das beim Anziehen. Außerdem müssen die Nähte des Unterziehers gut verarbeitet sein.
Einige Modelle haben Luftschlitze, zum Beispiel im Ärmelbereich. Dadurch kann die Feuchtigkeit leichter vom Körper weg transportiert werden.
Wenn der Unterzieher Taschen hat, sollte sich zumindest eine davon verschließen lassen, um einen Autoschlüssel aufnehmen zu können.
Weil der Unterzieher die Körperfeuchtigkeit aufnimmt, muss er sich gut waschen lassen. Die Pflegehinweise der jeweiligen Hersteller, die zu verwendenden Waschmittel und Temperaturbereiche sind in der Regel in den Anzug eingenäht. Generell sollen Unterzieher nicht geschleudert, sondern nass aufgehängt werden. Die komplette Trocknung eines frisch gewaschenen Unterziehers dauert allerdings einige Tage. Am schnellsten trocknet er, wenn er zuerst »auf rechts« zum Trocknen aufgehängt und dann gewendet wird. Ein Unterzieher aus 300-Gramm-Material trocknet wesentlich langsamer als einer aus 100-Gramm-Material. Gelagert werden die Unterzieher am besten auf einem Kleiderbügel neben dem Trockentauchanzug – so ist der Unterzieher griffbereit und kann auch nicht vergessen werden.
Der Preis sollte bei der Kaufentscheidung nur eine untergeordnete Rolle spielen: Am Ende zählt nur, ob der Unterzieher seine Aufgabe erfüllt. Es wäre grundlegend falsch, viel Geld in einen Trockentauchanzug zu investieren und dann beim notwendigen Unterzieher auf den Cent zu schauen.

Passform testen

Alle Trockentauchanzüge, die mit einem Unterzieher getragen werden sollen, müssen für diesen auch ausreichend Platz bieten.

Luftschlitze helfen, den Anzug schneller zu komprimieren (Foto: T. Christ).

Tipp

Viele Fahrzeuge sind mit elektronisch kodierten Autoschlüsseln ausgestattet. Im Fall eines Wassereinbruchs in den Trockentauchanzug ist diese Elektronik in den meisten Fällen zerstört. Oft lassen sich Fahrzeuge dann nicht einmal mehr öffnen. Nehmen Sie Ihren Autoschlüssel nur dann auf einen Tauchgang mit, wenn Sie Ihr Fahrzeug damit auch mechanisch öffnen und starten können.

Die Anprobe muss grundsätzlich mit angezogenem Unterzieher stattfinden. Sollen verschieden dicke Unterzieher zum Einsatz kommen, muss der dickste dem Taucher immer noch genügend Bewegungsfreiheit garantieren.

Diese prüft man, indem der Taucher mit Unterzieher und geschlossenem Trockentauchanzug hinkniet. Der Oberkörper bleibt dabei zunächst aufrecht. In dieser Haltung darf der Anzug im Bereich der Knie und Oberschenkel weder ziehen noch einengen. Als Nächstes wird probiert, ob der Trockentauchanzug auch in der Kauerstellung noch bequem sitzt (1). Wenn diese Haltungen ohne Engegefühl eingenommen werden können, dürfte auch das Erreichen der Flaschenventile (2) und des Auslassventils am Oberarm (3) kein Problem darstellen.

1

2

3

Reißverschlüsse

Trockentauchanzüge sind mit gasdichten Reißverschlüssen versehen. Um eine Kältebrücke durch die Verschlusszähne zu vermeiden, sind sie von innen mit einer Materialzunge hinterlegt ähnlich wie bei einem Schnürschuh. Zusätzlich kann der Reißverschluss durch eine Abdeckung von außen gegen mechanische Beanspruchungen geschützt werden. Ideal ist die Fixierung der Abdeckung durch einen weiteren Reißverschluss, der aufgrund seiner reinen Schutzfunktion nicht wasserdicht sein muss.

Die Anprobe eines Trockentauchanzugs beginnt mit einem Kniefall. Dann folgen die auf der Vorseite beschriebenen Übungen.

Der ideale Reißverschluss beim Trockentauchanzug ist durch eine Abdeckung geschützt, die mit einem eigenen Reißverschluss verschlossen wird.

Ein entscheidender Faktor für die einfache Handhabung des Trockentauchanzuges ist die Länge und die Anordnung des Reißverschlusses.

Waagerecht über die Schulter verlaufende Reißverschlüsse sind bei der Herstellung die einfachste und preiswerteste Lösung. Weitere Anordnungsmöglichkeiten sind die Führung von der Brust durch den Schritt bis zur Mitte des Rückens, diagonal von der linken Schulter über die Brust bis zur rechten Hüfte oder auch vom rechten Oberschenkel hinter den Nacken bis zur linken

Merke

1. Reißverschlüsse bestehen aus einem Schieber, den Elementen und dem Band, an dem die Zähnchen befestigt sind. Der Schieber trennt und verbindet die Elemente beim Öffnen und Schließen. Die Elemente oder Zähnchen verbinden die beiden Tragbandhälften formschlüssig miteinander. Das Band, das für nicht gasdichte Reißverschlüsse hergestellt wird, besteht meist aus Polyester. Bei gasdichten Reißverschlüssen sind Schieber und Elemente aus Metall und das Band aus Gummi.

2. Während beim einfachen Reißverschluss nur eine Formschlüssigkeit hergestellt wird, dichtet der gasdichte Reißverschluss, indem ausgeformte Dichtlippen aneinander gepresst werden.

Der Reißverschlussschieber wird mit einer Schlaufe oder einem Band verlängert.

Tipp

Nach dem Schließen durch einen Helfer sollte der Taucher immer selbst kontrollieren, ob sich der Verschluss ganz in der Endposition befindet. Bei diagonal und hinter dem Nacken verlaufenden Reißverschlüssen kann an der Handschlaufe des Gleiters eine kräftige Leine befestigt werden, zum Beispiel mit einem Karabiner. So lässt sich die Handschlaufe einfacher erreichen. Nach der Kontrolle kann der Taucher den Karabiner mit der Schnur aushaken.

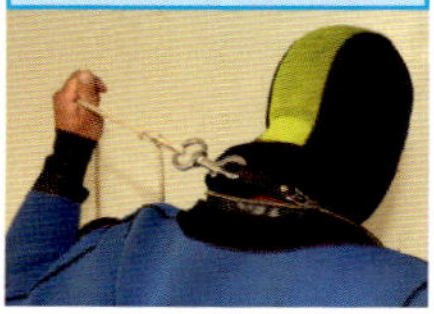

Brustseite und waagerecht über die Mitte des Bauches. In der Handhabung der Trockentauchanzüge sind lange Reißverschlüsse von Vorteil, da sie einen bequemen Einstieg in den Anzug ermöglichen. Reißverschlüsse auf der Vorderseite gestatten es dem Trockentaucher, seinen Anzug ohne fremde Hilfe überzustreifen und zu schließen.

Reißverschlüsse auf dem Rücken haben dagegen den Nachteil, dass sie vom Taucher ohne fremde Hilfe nicht geöffnet und geschlossen werden können. Aufgrund ihrer Anordnung unterliegen sie im Vergleich mit anders geführten Verschlüssen außerdem einem großen Verschleiß, sofern sie nicht mit einer Schutzabdeckung versehen sind, da das Jacket mit dem Gewicht der gesamten Tauchausrüstung auf dem Reißverschluss reibt.

Um eine einwandfreie Funktion des Reißverschlusses zu gewährleisten, dürfen beim Schließen weder Unterkleidung, Haare noch Anzugmaterial in den Reißverschluss eingeklemmt werden. Eventuell kann ein Reißverschluss dadurch schon beim ersten Einklemmen irreparabel beschädigt werden. In dem Fall müsste er von einer autorisierten Reparaturwerkstatt ausgetauscht werden. Beim Öffnen und Schließen des Reißverschlusses dürfen der Schieber und die einzelnen Elemente außerdem keinesfalls verdreht werden. Ein Verbiegen der Zähne und/oder des Schließelementes macht den Reißverschluss unbrauchbar.

Der Reißverschluss hält länger, wenn er regelmäßig mit Paraffin oder einem vom Hersteller empfohlenen Mittel gewachst wird.

Tipp

Silikonsprays oder Silikonprodukte dürfen als Pflegemittel weder für den Reißverschluss noch für Latex- oder Gummiteile des Anzugs verwendet werden. Silikon dringt in das Material der meisten Tauchanzüge ein, greift Klebeverbindungen an und macht neue Verklebungen nahezu unmöglich. Talkum zwischen den Schließzähnen macht den Reißverschluss schwergängig.

Pflege des Reißverschlusses

Der Reißverschluss soll sich leicht öffnen und schließen lassen. Wenn dazu viel Kraft benötigt wird, muss er mit einem vom Hersteller empfohlenen Mittel oder mit Paraffin gewachst werden. Diese Minimalpflege sollte man dem Reißverschluss grundsätzlich in größeren Abständen regelmäßig angedeihen lassen.

Zum Einwachsen wird der Reißverschluss zunächst vollständig geöffnet. Anschließend greift eine Hand in den Anzug und hält ihn so, dass eine Reihe der äußeren Zähne sichtbar ist. Nur die sichtbaren Außenseiten der Zähne werden nun mit dem Wachsmittel eingerieben. Sind beide Zahnstränge des Reißverschlusses behandelt, wird der Reißverschluss mehrmals geschlossen und geöffnet. Sollte der Reißverschluss nach mehrmaliger Betätigung nicht leichter laufen, muss das Einreiben oder Wachsen noch einmal wiederholt werden. Erst nach mehrmaligem Wachsen wird sich der Reißverschluss nahezu widerstandslos öffnen und schließen lassen.

Die inneren Teile des Reißverschlusses müssen von Fremdkörpern jeglicher Art frei gehalten werden. Klemmt der Reißverschluss, muss er wieder komplett geöffnet und die Ursache des Problems beseitigt werden. Der Reißverschluss sollte vor und nach jedem Gebrauch gründlich innen und außen gereinigt werden. Wird der Trockentauchanzug gelagert, bleibt der Reißver-

> **Tipp**
>
> Zum Reinigen eignen sich am besten Seifenlauge und eine weiche Zahnbürste. Falls der Reißverschluss am Tauchplatz wider Erwarten schwergängig ist und das vom Hersteller mitgelieferte Paraffin oder Gleitmittel vergessen wurde, kann auch mit einem Stück Seife oder einer Kerze »gewachst« werden.

schluss geöffnet. Für den Transport wird er geschlossen. Fehlt eines der Glieder oder ist es beschädigt, darf mit dem Anzug nicht getaucht werden, sonst kommt es zu einem Wassereinbruch in den Trockentauchanzug. Zur Überprüfung der Reparaturmöglichkeiten sollte der Fachhändler aufgesucht werden.
Die Reparaturkosten sind meist abhängig von der Länge des Reißverschlusses und vom Material des Anzuges. Daher ist es durchaus zu empfehlen, vor der Anschaffung des Trockentauchanzuges einen Blick auf die Reparaturpreisliste des Herstellers zu werfen. Bei richtiger Pflege und Handhabung hält ein guter Reißverschluss genauso lang wie der Anzug selbst.

Latexmanschetten

Latexmanschetten finden an einem Trockentauchanzug in verschiedenen Materialstärken und in unterschiedlichen Durchmessern Verwendung. Dicke Manschetten werden unter dem Kürzel HD (»heavy duty« = starke Beanspruchung) vertrieben. Es werden aber auch Manschetten in dünner Ausführung eingesetzt. Latexmanschetten sind wasserdicht und werden glatt und ohne Falten auf der nackten Haut getragen. Somit ist eine eng geschnittene, wirksame Passform nötig. Manschetten sind in

> **Merke**
>
> 1. Der besseren Haltbarkeit von dicken Latexmanschetten steht ihre schlechtere Anpassung an Handgelenk oder Hals gegenüber. Durch die Kanalbildung im Bereich der Sehnen kann es bei den stärkeren HD-Manschetten leichter zu Wassereinbrüchen kommen.
>
> 2. Eine dünne Latexmanschette liegt besser an, ist aber empfindlicher gegen mechanische Beschädigungen. Bei Anzügen für das Höhlentauchen oder Technisches Tauchen werden üblicherweise sehr dünne Latexmanschetten verwendet. Dort sind, bedingt durch lange Tauchzeiten, auch geringste Wassereinbrüche in den Trockentauchanzug nicht akzeptabel.
>
> 3. Je nach Einsatzgebiet oder Zielsetzung bei der Verwendung des Trockentauchanzugs, müssen diese Faktoren also schon beim Kauf berücksichtigt werden.

Auch unter dem Eis gelingen mit dem Fisheyeobjektiv interessante Effekte.

verschiedenen Einheitsgrößen erhältlich. Bei der Bestellung des Trockentauchanzugs kann der Kunde den Durchmesser der Arm- und Halsmanschette somit in gewissem Maße selbst festlegen. Vor dem ersten Gebrauch des Trockentauchanzuges müssen die Manschetten in der Regel angepasst werden. Damit das Latex abdichtet, muss es leicht gedehnt werden.
Für einen optimalen Sitz der Halsmanschette muss die Öffnung der Manschette etwas kleiner als der Halsumfang sein. Ist die Öffnung gleich groß oder größer, ist die Halsmanschette undicht. In solchen Fällen kann man sich mit einem 3 mm dünnen und ca. 5 cm breiten Ring aus Glattneopren helfen. Wenn dieser gut sitzt, dichtet die Halsmanschette nun darauf statt unmittelbar auf der Haut des Tauchers. Solche Ringe gibt es in unterschiedlichen Durchmessern. Der Neoprenring sorgt zusätzlich für eine bessere Wärmedämmung am Hals. Idealerweise sollte die Halsmanschette in ihrer unbeschnittenen Ausgangsform etwa 20 % kleiner als der Halsumfang sein. Zum Anpassen werden die Manschetten nachgeschnitten. Sie haben eine Kegelform, wodurch sich die Öffnung vergrößert, sobald der Rand abgeschnitten wird.

Tipp

Um die richtige Weite der Halsmanschette zu ermitteln, misst man den Umfang des Halses mit einem Maßband leicht unterhalb des Kehlkopfes . Vom Ergebnis wird 1 cm abgezogen.

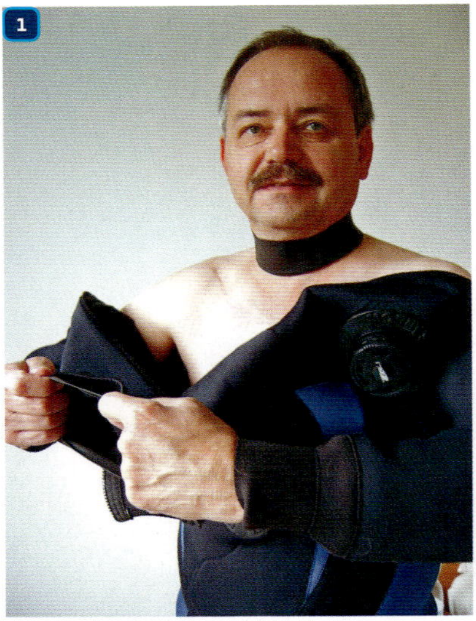

Ein zusätzlicher Neoprenring sorgt für eine bessere Wärmedämmung und dichtet eine etwas zu weite Halsmanschette ab (1).
Die konische Halsmanschette wird entlang den Markierungsringen Stück um Stück sauber abgeschnitten, bis sie passt (2).

Die Halsmanschette wird dazu zuerst auf links gedreht. Auf dem Gummi befinden sich parallel angeordnete Linien. Diese Linien dienen als Orientierungshilfe für einen geraden Schnitt. Für das Schneiden der Manschetten wird eine große, scharfe Schere verwendet, um lange und saubere Schnitte zu erzielen. Alle Schnittkanten müssen so glatt wie möglich sein. Unregelmäßige oder gezackte Kanten tendieren dazu einzureißen, wenn der Anzug getragen wird. Nach dem Schneiden jedes einzelnen Ringes sollte der Sitz der Halsmanschette überprüft werden. Wird die Latex-Halsmanschette zu kurz abgeschnitten, ist sie unbrauchbar und muss ausgewechselt werden, sie kann nicht repariert werden. Beim Zuschneiden der Armmanschetten wird genau so verfahren wie bei der Halsmanschette. Auch hier sollte die Öffnung 20 % kleiner sein als der Handgelenksumfang. Bei Verwendung eines Trockentauchhandschuh-Ringsystems ist je nach Hersteller oder Typ eine andere Öffnungsgröße der Armmanschette nötig.

Schmuck ablegen

Falls mit Latexmanschetten noch nie getaucht wurde, empfindet man sie auch dann noch als sehr eng, wenn sie korrekt zugeschnitten wurden. Unter Wasser werden sich die Manschetten aber angenehm und bequem anfühlen. Latexmanschetten sollten niemals mit den Fingerkuppen oder den Fingernägeln gezogen werden, sondern immer mit der ganzen Hand, da sonst Beulen oder Risse an den Manschetten auftreten können. Ringe, Uhren, Ohrringe oder Haarklammern sollten vor dem Anlegen der Latexmanschetten abgelegt werden, um sie nicht zu beschädigen.

Das Überstreifen der Latexmanschetten geht einfacher, wenn die Innenseiten der Manschetten mit Flüssigseife bestrichen werden.

Dadurch wird eine zu starke Dehnung vermieden und die Manschetten werden weniger mechanisch beansprucht. Probefläschchen aus dem Parfümeriehandel bieten sich zum Transport solch kleiner Mengen an Seife an.

Tipp

Latexmanschetten lassen sich einfacher zuschneiden, wenn jemand beim Halten der Manschetten hilft. Da Beschädigungen an den Manschetten, die durch das Zuschneiden entstehen, von der Herstellergarantie ausgeschlossen sind, ist es sinnvoll, das Zuschneiden einem geschulten Händler zu überlassen.

Pflege

Bei Anzügen mit Latexmanschetten wird in der Regel etwas Talkumpuder als Pflegemittel mitgeliefert. Nach dem Tauchen, vor allem aber bei längerem Nichtgebrauch des Anzugs werden die Manschetten mit Talkum eingerieben. Talkumpuder ist auch in jedem Baumarkt erhältlich. Als Alternative können Melkfett oder Vaseline zur Pflege der Manschetten benutzt werden. Nicht zu

Talkumpuder ist für Latexmanschetten das richtige Pflegemittel.

empfehlen ist Talkum bei Tauchern, die an einer Latexallergie leiden, da er das Auftreten allergischer Reaktionen beschleunigt. In solchen Fällen ist Melkfett oder Vaseline vorzuziehen.
Bei der Anschaffung eines Trockentauchanzuges mit Latexmanschetten ist zu berücksichtigen, dass die Haltbarkeit der Manschetten auch bei guter Pflege begrenzt ist. Je nach Beanspruchung und Dehnung der Manschetten, der Häufigkeit der Benutzung des Trockentauchanzuges sowie der Sonneneinstrahlung, dem Kontakt mit Hautcreme, Rasierwasser und Sonnencreme, halten Latexmanschetten zwischen ein und drei Jahre. Deshalb ist es ratsam, auch diesen Kostenfaktor bei der Anschaffung eines Trockentauchanzuges zu berücksichtigen.

Neoprenmanschetten

Manschetten aus Neopren haben dieselben Aufgaben wie Latexmanschetten: Sie sollen den Trockentauchanzug an den Extremitäten des Tauchers abdichten. Neoprenhalsmanschetten werden, je nach Hersteller, aus 2 bis 4 mm starkem, einseitig kaschiertem oder beidseitig glattem Neopren gefertigt.
Die Neoprenhalsmanschette muss beim Tragen so nach innen umgelegt sein, dass die glatte Seite am Hals anliegt. Sie soll sorgfältig ca. 5 cm eingeschlagen werden, so dass keine Falten entstehen. Bei längeren Manschetten wird entsprechend mehr Material umgelegt oder die Manschette entsprechend gekürzt. Neoprenarmmanschetten werden aber nur dann nach innen umgeschlagen, wenn sich nach dem Anziehen die glatte Seite außen befindet. In diesen Fällen ist es bei Armmanschetten auch möglich, einen halbtrockenen Tauchhandschuh mit dessen glatter Innenseite auf die Neoprenarmmanschette aufzulegen oder bei glattem Neopren auch darunter zu legen. Bei Handschuhen mit wasserdichten Nähten entsteht auf diese Weise ein völlig trockenes Handschuhsystem. Ist dann noch eine doppelte Manschette am Anzug vorhanden und wird diese über den Handschuh gelegt, hat man einen fast trockenen Handschuh, der nicht mehr verrutscht.
Bei der Bestellung eines Trockentauchanzugs auf Maß werden immer auch der Umfang der Handgelenke und der Halsumfang gemessen. So ist gewährleistet, dass der Anzug perfekt sitzt und

Tipp

Kontakt mit Kupfer muss vermieden werden, da das Metall mit Latex chemischreagiert, wodurch die Manschetten beschädigt werden. Außerdem wird der Alterungsprozess durch direkte Sonneneinstrahlung und den Kontakt mit den meisten Kosmetikprodukten deutlich beschleunigt. Eine runzelige und stumpfe Oberfläche des Latex sind erste Anzeichen der Alterung.

Die Neoprenhalsmanschette muss nach innen umgelegt werden, so dass die glatte Seite der Manschette an der Haut anliegt.

dicht ist. Bei einem nicht maßgefertigten Trockentauchanzug muss die Neoprenhalsmanschette vor dem ersten Tauchgang fast immer erst passend gemacht werden. Eine Möglichkeit ist das Zuschneiden. Anders als bei der Latexhalsmanschette sind auf den Neoprenhalsmanschetten keine Ringe als Orientierungshilfe für das Schneiden angebracht. Zum Zuschneiden werden ein scharfes Teppichmesser und ein Stahllineal zum sauberen Führen der Klinge benötigt. Zum Zuschneiden wird die Neoprenhalsmanschette auf einer schnittfesten Unterlage glatt ausgelegt, so dass die Kanten der Manschette parallel übereinander liegen. Danach wird das Lineal angelegt und ein Streifen von ca. 5 mm abgeschnitten. Im Anschluss daran sollte die Halsmanschette erst probiert werden, bevor der nächste Ring abgeschnit-

Tipp

Bei einem Trockentauchanzug mit diagonalem Frontreißverschluss lässt sich die Neoprenhalsmanschette am besten ausrichten, indem durch den Reißverschluss in den Anzug gegriffen wird. So kann die Manschette leicht selbst von innen glatt gelegt werden. In den meisten Fällen lassen sich Neoprenhalsmanschetten jedoch am einfachsten von einer zweiten Person in die richtige Position bringen.

Nicht maßgefertigte Neoprenmanschetten müssen passend zugeschnitten werden.

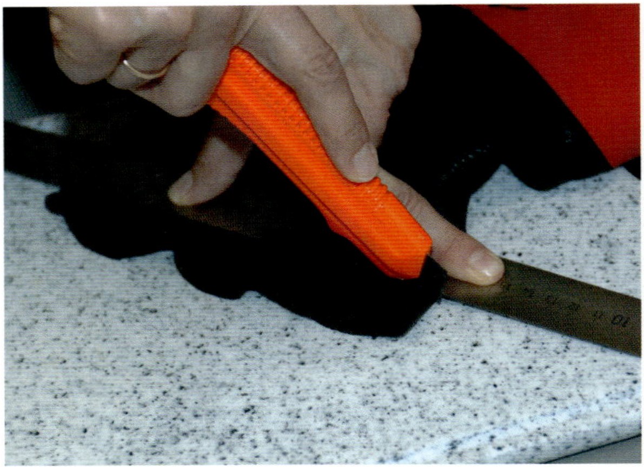

ten wird. Wenn die Halsmanschette nach dem Schneiden passt, muss noch die seitliche Naht mit Neoprenkleber fixiert werden, damit sich der lose Faden nicht aufribbelt.

Eine weitere Möglichkeit, die Neoprenhalsmanschette anzupassen, ist das Dehnen des Materials.

Hierzu wird die Halsmanschette über Nacht auf einen zylindrischen Gegenstand gespannt. Dabei darf die Manschette aber nicht so stark gedehnt werden, dass sie anschließend zu groß ist.

Pflege

Prinzipiell werden Neoprenmanschetten genauso behandelt wie andere Neoprenteile. Direkte Sonneneinstrahlung oder Trocknung in überhitzten Räumen sind unbedingt zu vermeiden. Wie bei der Bearbeitung dürfen sie auch sonst nicht mit Kupfer in Berührung kommen.

Neoprenmanschetten unterliegen genau wie Latexmanschetten einer gewissen Alterung. Im Gegensatz zu Latexmanschetten, die mit einiger Übung selbst ausgetauscht werden können, wird empfohlen, den Austausch von Neoprenmanschetten dem Fachhändler zu überlassen. Aufgrund der Tatsache, dass Neoprendichtmanschetten genäht und geklebt werden, sollte man sich bereits beim Kauf eines Trockentauchanzugs über die Kosten

Tipp

Auch bei der Neoprenhalsmanschette gilt, dass zu weit abgeschnittene Manschetten undicht sind. Für Fehler beim Abschneiden haftet der Hersteller nicht.

Merke

1. Als schneidfeste Unterlage eignet sich am besten ein großes Schneidebrett aus Teflon, wie es auch in der Küche verwendet wird. Auch zum Arbeiten mit dem Locheisen und zur Unterlage beim Kleben eignet sich das Küchenbrett hervorragend.

2. Zum Dehnen der Halsmanschette bietet sich eine Abflussrohrmuffe von 100 mm Durchmesser oder ein entsprechendes Stück Rohr aus dem Baumarkt an. Das Rohr muss jedoch aus Kunststoff sein. Kupferrohr darf keinesfalls verwendet werden.

eines Austauschs der Manschetten informieren. Auch hier ist die Reparaturpreisliste des Herstellers die beste Informationsquelle. Daneben bieten auch herstellerunabhängige Fachgeschäfte einen solchen Service.

Kombinationen und Wechselsysteme

Trockentauchanzüge werden nicht ausschließlich nur mit Latex- oder nur mit Neoprendichtmanschetten ausgeliefert. Oft werden auch beide Manschettentypen an einem Trockentauchanzug eingesetzt. Zu den angesprochenen thermischen Problemen haben die Hersteller verschiedene Lösungen gefunden. Eine Möglichkeit, das Tragen der Latexmanschette wärmer und damit angenehmer zu gestalten, besteht darin, die Kopfhaube an den Trockentauchanzug anzusetzen. Bei einer separaten Kopfhaube wird oft ein zusätzlicher Neoprenwärmekragen rund um die Latexhalsmanschette am Trockentauchanzug befestigt. Dieser kann zum Teil mit einem Klett- oder Reißverschluss noch verjüngt werden. Alternativ dazu dient der Wärmeisolation ein 3 mm starker und 5 cm breiter Halsring, der über den Kopf gezogen wird und am Hals anliegt und auf den dann die Latexmanschette mittig aufgesetzt wird.
Latexarmmanschetten haben den Vorteil, dass sie sich sehr einfach mit Ringsystemen für Trockentauchhandschuhe verwenden lassen. Die meisten Handschuh-Ringsysteme bieten auch die Möglichkeit, den Handschuh durch eine Latexarmmanschette auszutauschen. Somit lässt sich der Anzug wechselweise mit

Merke

1. Die Vorteile der Neoprenhalsmanschette liegen in der besseren Wärmeisolierung und einem weniger beengenden Gefühl beim Tragen.

2. Nachteilig bei der Neoprenhalsmanschette sind die schlechtere Anpassungsmöglichkeit auf den Halsumfang und eventuelle Kanalbildungen am Hals mit der Gefahr des Wassereinbruchs. Dazu kommt das vergleichsweise aufwändigere Auswechseln.

3. Der Vorteil von Latexhalsmanschetten liegt im vergleichsweise preisgünstigen Austausch und der sehr guten Anpassungsmöglichkeit auch an große Kehlköpfe.

4. Nachteilig bei der Latexhalsmanschette sind die Kältebrückenbildung bei zu kurzer oder schlecht sitzender Kopfhaube und die kürzere Lebensdauer bei größerem Pflegeaufwand.

Handschuh oder Latexmanschette einsetzen. Ist die Latexmanschette beschädigt, lässt sie sich in Minutenschnelle am Tauchplatz auswechseln.
Im Fachhandel ist zum Teil ein patentiertes System erhältlich, bei dem die Hals- und Armmanschette ohne Kleben und ohne Werkzeug ähnlich einem Reißverschluss, allerdings ohne Schieber und Zähne, montiert werden kann. Das Auswechseln der Manschetten verliert dadurch viel von seinem Schrecken.
Einige Anzüge haben sowohl bei der Ausführung mit einer abdichtenden Neopren- als auch mit einer solchen Latexarmmanschette eine zweite Manschette aus Neopren. Diese wird über den auf der unteren Manschette liegenden Rand des Tauchhandschuhs gelegt. Bei solchen Anzügen mit Neoprenarmmanschetten muss die innere Manschette meist in den Anzug umgelegt werden, so dass die Glattneoprenseite auf der Haut zu liegen kommt.
Auch wenn die Integration von Neoprenmanschetten darin nicht einfach ist, werden Wechselsysteme für Neoprenfüßlinge angeboten. Auf diese Weise können je nach Einsatzzweck verschiedene Schuhe oder Stiefel verwendet werden, außerdem wird dadurch der Einsatz von Trockentauchanzügen im Tauchschulbetrieb vereinfacht.

Latexarmmanschetten lassen sich sehr einfach mit Ringsystemen für Trockentauchhandschuhe verwenden. (Foto: Hilsenbeck)

Taschen und Transportbehälter

Das Trockentauchen wird in den meisten Fällen in heimischen Gewässern betrieben, die mit dem Auto angefahren werden. Deshalb muss auch an den Transport der nassen Ausrüstung nach dem Tauchen gedacht werden.

Mörtelwannen

Die gängigen Rollentaschen und -rucksäcke eignen sich hervorragend für Flugreisen, sind deswegen aber noch lange nicht für die Trockentauchausrüstung geeignet.
Ein Trockentauchanzug aus Neopren hat ein größeres Volumen als ein Tropentauchanzug, ein zweiter Lungenautomat will genauso transportiert werden wie der Unterzieher. Allein das Volumen dieser Ausrüstung setzt den klassischen Urlaubspacktaschen schon Grenzen. Außerdem wird die Tauchausrüstung nicht getrocknet, bevor sie in die Tasche kommt.
Abhilfe gegen das unliebsame Abtropfen und Aussickern von Wasser während des Transports schaffen wasserdichte Behälter. Meistens kommen rechteckige Mörtelwannen aus dem Baumarkt zum Einsatz. Ihr großer Vorteil liegt darin, dass nach dem Beladen der Kofferraum trocken bleibt. Ein Nachteil besteht darin, dass bedingt durch die Form der Behälter sehr viel Stauraum verloren geht. Zwei Taucher mit je einer Mörtelwanne und je einer Tauchflasche füllen den normalen Kofferraum eines Pkws aus. Ein weiterer Nachteil ist das große Fassungsvermögen der

Mörtelwannen
sind sperrig im Kofferraum und schwer zu tragen (rechts). Außerdem neigen sie unter schwerer Last zum Brechen (oben).

Wannen. Außerdem können mit Tauchausrüstung und Abtropfwasser randvoll gefüllte Mörtelwannen brechen, wenn man versucht, sie anzuheben. Und den Bandscheiben ist eine solche Belastung auch nicht zuträglich.

Wasserdichte Taschen

Die Lösung des Transport- und Feuchtigkeitsproblems sind wasserdichte Taschen. Einige Hersteller haben ihre Taschen mit einem einfachen Ventil ausgerüstet, um das Wasser ablassen zu können. Diese Ventile befinden sich vorzugsweise im Bereich des Taschenbodens. Hängt man den Teil des Taschenbodens, in dem sich das Ventil befindet, über die Kofferraumkante, so kann man das abgetropfte Wasser sehr leicht ablaufen lassen. Ein weiterer Vorteil dieser Taschen ist ihre Handlichkeit. Schließlich muss nur die nasse Tauchausrüstung in einer wasserdichten Tasche transportiert werden. Der trockene Unterzieher und die Unterziehstrümpfe können besser in separate Taschen verpackt werden. Lungenautomaten und Instrumente, Fotoapparate und anderes Zubehör werden wie Werkzeuge und Ersatzteile ebenfalls getrennt verpackt. Damit wird die nasse Trockentauchausrüstung vom Gewicht her wieder handhabbar, ohne die Bandscheiben über Gebühr zu belasten. Eine weitere Annehmlichkeit besteht darin, dass der Taucher beim Tragen der nassen Tauchausrüstung selbst nicht nass wird. Außerdem lässt sich damit die Ausrüstung mehrerer Taucher in einem einem PKW-Kofferraum verstauen, und sie nimmt zu Hause auch weniger Platz weg.

Wasserdichte Plastiktaschen nutzen den Kofferraum weit besser und lassen sich auch zu Hause besser verstauen. (links).

Auf Fotosafari in einheimischen Gewässern – der Trockentauchanzug macht's möglich (folgende Doppelseite).

Kopfhauben

Der Kopf ist der am besten durchblutete Körperteil. Wenn ein Mensch friert, wird die Durchblutung der Extremitäten verringert, um dadurch dem Rumpf eine Stabilisierung der Körpertemperatur zu ermöglichen. Selbst bei größter Kälte ist der Kopf jedoch der Teil des Körpers, der immer gleich gut durchblutet wird. Da Wasser 25-mal mehr Wärme ableitet als Luft, gehen hier 50 % der Körperwärme an das Wasser verloren.

Angesetzte und separate Neoprenkopfhauben

Kopfhauben sind kein modisches Accessoire, sondern ein elementarer Teil des Kälteschutzes eines Tauchers. Um den Körper zu isolieren, werden Unterwäsche und Unterzieher in den verschiedensten Materialstärken eingesetzt. Separate Kopfhauben werden in der Regel aus 5 mm starkem Neopren hergestellt. Bei angesetzten, also fest mit dem Anzug verbundenen Neoprenkopfhauben wird in vielen Fällen nur 4 mm starkes Material verwendet. Der Grund dafür liegt darin, dass Kopfhauben nicht ohne weiteres als Maßanfertigung angeboten werden. So muss die Standardgröße »Medium« allen Tauchern mit einem Kopfumfang zwischen 56 und 59 cm gleich gut passen. Das aber funktioniert nur, wenn dazu ein relativ flexibles Neopren verarbeitet wird. Wäre das Neopren an der Kopfhaube 10 mm stark, würde die Kopfhaube zwar sehr gut isolieren, aber die Flexibilität des Materials wäre viel zu gering, und die Haube würde nur Tauchern mit annähernd gleicher Kopfform passen. Außerdem sind bei starkem Neopren die Rückstellkräfte des Materials sehr stark. Das Drehen des Kopfes würde bei solchen Materialstärken erheblich erschwert werden.

Tipp

Zwar gibt der Körper über den Kopf relativ viel Wärme ab, aber glücklicherweise ist der Kopf im Gegensatz zu den anderen Extremitäten des Menschen weniger kälteempfindlich. Somit ist die Wahl der Materialstärke der Neoprenkopfhaube eher eine Frage des Tragekomforts.

Kopfhauben für Vollgesichtsmasken

Die verschiedenen Hersteller von Trockentauchanzügen verfolgen auch an den Neoprenkopfhauben unterschiedliche Isolationsstrategien. So sind einige separate Kopfhauben mit einem zum Gesicht zeigenden Dichtstreifen aus Glattneopren versehen, andere Modelle haben einen solchen Dichtstreifen am Hals. Es

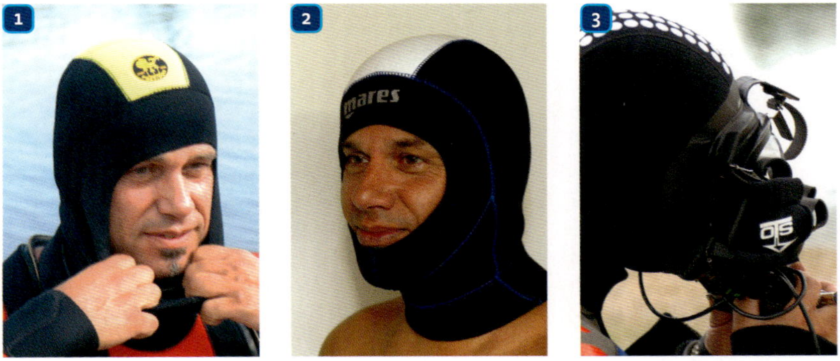

Kopfhauben
Die angesetzte Kopfhaube (1) ist fest mit dem Tauchanzug verbunden. Separate Kopfhaube (2) und Kopfhaube für Vollgesichtsmasken (3)

gibt Kopfhauben mit langem Hals und Hauben, bei denen dieser kurz geschnitten, aber dafür komplett aus Glattneopren besteht. Einzig bei Neoprenkopfhauben für Vollgesichtsmasken verwenden nahezu alle Hersteller sogenannte doppelte Dichtmanschetten. An der Kopfhaube dichtet ein Streifen aus beidseitigem Glattneopren das Gesicht nach außen ab. Auf den außen liegenden Glattneoprenstreifen wird die Vollgesichtsmaske mit ihren Dichtlippen aufgelegt und mit den Maskenbändern fixiert. Die Vollgesichtsmaske kann auch unter die Manschette geschoben werden. Dann dichtet die innere Manschette über der Vollgesichtsmaske.

Kopfhauben aus Latex

Besonders die Hersteller von EPDM- oder Gummi-Trockentauchanzügen verwenden an ihren Modellen Latexkopfhauben. Diese sind zusätzlich zu den Latexhalsmanschetten direkt an den Trockentauchanzug angeklebt. Latexkopfhauben haben den Vorteil, dass der Kopf absolut trocken bleibt, wenn sie am Gesicht glatt anliegen. Die Latexmanschette ist in der Lage, alle Kopfformen abzudichten. Für Wärmeisolierung muss allerdings zusätzlich gesorgt werden. Zu diesem Zweck werden Thinsulate™-Mützen angeboten. Es bedarf allerdings einiger Übung, die Latexkopfhaube mit Unterziehmütze allein anzulegen. Latexkopfhauben werden auch separat angeboten und können über eine Neoprenkopfhaube gezogen werden. Die meisten Taucher verwenden jedoch eine Neoprenkopfhaube, deren Ansatz über die Latexhalsmanschette gelegt wird.

Tipp

Besonders kälteempfindliche Taucher können eine zusätzliche Kopfhaube überziehen. Sie sollte eine Nummer größer gewählt werden als die erste Neoprenkopfhaube. Bei regulär benötigter Größe M sollte die zweite Kopfhaube demnach die Größe L haben.

Tipp

Bei sogenannten Eistauchkopfhauben werden der gesamte Kopf und das Gesicht von der Glattneoprenkopfhaube bedeckt. Augen, Nase und Mund müssen dann individuell ausgeschnitten werden. Die Tauchmaske (Taucherbrille) wird auf das Glattneopren aufgelegt und dichtet auf dem Glattneopren.

Vermeidung von Kältebrücken

Kältebrücken entstehen immer dann, wenn die Isolierung unterbrochen wird. Das ist etwa der Fall, wenn das kalte Medium direkt an die Haut gelangt oder wenn die Kälte durch blankes Metall von der kalten Außenseite des Anzugs ins Innere gelangt. Die bereits beschriebenen Dichtstreifen an den Kopfhauben sollen Kältebrücken vermeiden. Eine andere Möglichkeit der Isolierung ist ein sogenannter Wärmekragen. Dieser wird an den Trockentauchanzug montiert oder an die Kopfhaube geklebt. Des Weiteren werden auch Klett- oder Reißverschlüsse an den Kopfhauben und/oder den Wärmekragen angebracht, um eine Zirkulation des Wassers zu unterbinden. Kältebrücken lassen sich nur vermeiden, wenn die Kopfhaube gut sitzt und die Dichtmanschetten auch sorgfältig an der Stelle, die der Hersteller dafür vorgesehen hat, positioniert werden. Faltenbildung muss auf jeden Fall vermieden werden.

Extras für Kopfhauben

Die ausgeatmete Luft oder auch die beim Druckausgleich aus der Tauchmaske entweichende Luft sammelt sich zum Teil in der Kopfhaube. Diese Luft bewirkt, dass sich die Kopfhaube vom Kopf des Tauchers abhebt und verrutschen kann. Spätestens beim Auftauchen wird sich die in der Kopfhaube angesammelte Luft ausdehnen. Das kann sogar zum Verlust von Haube und Tauchmaske führen. Ein Verlust der Kopfhaube bei der Beendigung eines Eistauchgangs verursacht ein erhebliches thermisches Problem, das auch leicht zum Tod führen kann.

Es ist deshalb ratsam, vor dem Auftauchen das in der Kopfhaube angesammelte Atemgas entweichen zu lassen. Wenn man sich in einer waagerechten Position befindet, kann das geschehen, indem man einfach den Kopf zur Seite dreht. Aus einer senkrechten Position heraus kann das Atemgas mit den Händen abgelassen werden, indem man die Kopfhaube vorsichtig zusammendrückt.

Eine komfortablere Möglichkeit, das Atemgas aus der Kopfhaube zu schleusen, ist der Einbau eines Überdruckventils. Eine einfachere Lösung ist ein mit einer heißen Nadel oder einer dünnen heißen Lötkolbenspitze gestochenes kleines Loch an der höchsten Stelle der Kopfhaube. Oft wird an dieser Stelle auch eine einfache Neoprenmembrane eingebaut.

Handschuhe für Trockentauchanzüge gibt es mit unterschiedlich langen Stulpen.

Handschuhe für Trockentauchanzüge

Zu einem Trockentauchanzug können alle gängigen Tauchhandschuhe getragen werden. Das Angebot reicht von einfachen Fünffingerhandschuhen aus 2 mm starkem Neopren über Drei-Finger-Halbtrocken- bis hin zu Trockentauchhandschuhen aus verschiedenen Kunststoffen mit Innenfutter. Alle Variationen haben ihre Berechtigung und dienen bestimmten Zwecken.

Neoprenhandschuhe

Nasstauchhandschuhe aus 2 mm starkem Neopren sitzen aufgrund ihrer Flexibilität sehr gut an der Hand, bieten ein optimales Tastgefühl und schränken die Bewegung nicht ein. Fünffinger-Nasstauchhandschuhe isolieren wesentlich besser als die 2 mm starken Handschuhe, schränken aber bereits die Bewegungsfreiheit und das Tastgefühl ein. Bei den Fünffinger-Halbtrockenhandschuhen wird durch eine Dichtmanschette aus Glattneopren der Wasseraustausch unterbrochen, so dass bei gleicher Materialstärke die Hände länger warm bleiben.
Dreifingerhandschuhe aus 5 mm starkem Neopren eignen sich am besten, vor allem wenn sie noch mit einer Dichtmanschette

versehen wurden. Zwar ist die Handhabung sehr gewöhnungsbedürftig, aber dank warmer Hände ist auch das Greifen einfacher als mit Modellen im Fünffingerschnitt.
Um die Materialrückstellkräfte zu vermindern, werden Fünffinger-Halbtrockenhandschuhe aus Neopren auch in einer anatomisch geformten Version angeboten. Die Ausstattung der einzelnen Fabrikate unterscheidet sich hinsichtlich Material und Schnitt zum Teil erheblich.

Der Handschuh sollte stets ausprobiert werden. Das empfiehlt sich nicht nur wegen der Größe, sondern auch um zu testen, ob die Stulpe des Handschuhs über die am Trockentauchanzug angebrachte Dichtmanschette gezogen werden kann.

Wenn ein Handschuh gut an der Hand sitzt, aber zwischen Hand und Anzugmaterial noch Haut frei lässt, kommt es an dieser Stelle zu Wasserkontakt. Das Wasser kühlt dort nun das Blut, und das abgekühlte Blut wird dann im Körper verteilt.
Einige Hersteller bieten Neoprenhandschuhe mit sehr langen Stulpen an, die teilweise bis an das Armgelenk hochgezogen werden können. So lassen sich Kältebrücken vermeiden und auch mit Nasstauchhandschuhen oder halbtrockenen Handschuhen sehr gute Isolationsergebnisse erzielen. Beim technischen Tauchen werden halbtrockene Dreifinger-Neoprenhandschuhe oft modifiziert. Dabei wird aus der Glattneoprenmanschette jeweils ein Keil herausgeschnitten und diese danach wieder zusammengeklebt. So wird der Stulpendurchmesser reduziert, die Handschuhmanschette wird enger, und ein Wasseraustausch wird unterbunden. Allerdings wird dadurch auch die Handhabung beträchtlich erschwert, so dass man unter Umständen Hilfe benötigt, um den Handschuh anzulegen.
Eine besondere Lösung sind direkt an die Ärmel der Trockentauchanzüge geklebte Dreifingerhandschuhe aus Neopren, auf deren Handrücken ein kurzer gasdichter Reißverschluss eingearbeitet ist. Die Handschuhe können so zum Anziehen des Trockentauchanzuges abgestreift werden. Nach dem Anziehen des Tauchanzuges werden die Handschuhe wieder übergestreift und ebenso wie der Trockentauchanzug mit je einem gasdichten Reißverschluss abgedichtet.

Beim Notstopp (siehe getrenntes Kapitel in der Praxis) und dem damit notwendigen Luftablass aus dem Anzug über den Handschuh ist wie folgt vorzugehen: Der Handschuh sollte in diesem Fall außen eine glatte Manschette aufweisen, damit die Manschette vom Anzug auf dem Handschuh dichtet. Jetzt kann im Notfall der Arm gehoben werden und die Luft kann aus dem Anzug schnell entweichen, ohne dass der Taucher nass wird.

Handschuhe mit Ringsystem

Von den meisten Herstellern von Trockentauchanzügen werden passend zu den Armmanschetten sogenannte Ringsysteme für trockene Handschuhe angeboten. Die Ringsysteme lassen sich meist ebenfalls an Trockentauchanzüge anderer Hersteller montieren. Der Grundgedanke dieser Isolationsstrategie gegen die Kälte ist die vollkommene Integration der Hände in das System des Trockentauchanzugs. Mittels eines trennbaren Ringsystems werden Handschuhe und Anzug miteinander gekoppelt. Solche Ringsysteme werden je nach Hersteller aus seewasserfestem Aluminium oder aus Kunststoff gefertigt. Ringe aus Metall erzeugen Kältebrücken: Wenn die Ringe von außen kalt werden, sind sie auch von innen kalt. Wenn nun der Arm im Pulsbereich an den Aluminiumring gelangt, kommt es zur Kälteübertragung. Aus diesem Grund sind Kunststoffringe oder isolierte Metallringe besser geeignet.

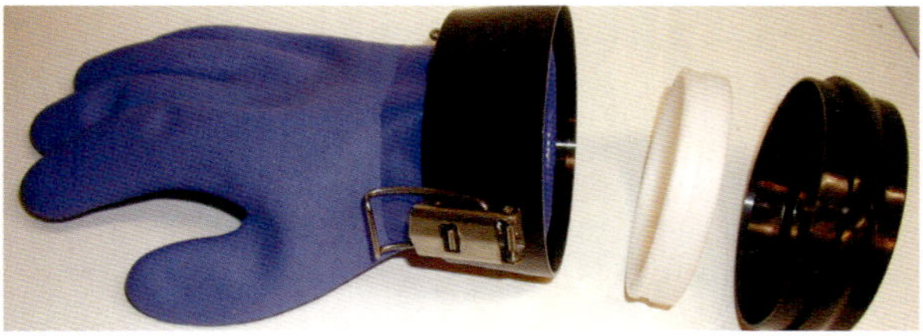

Handschuhe mit Ringsystemen, damit werden die Handschuhe wasserdicht an den Trockentauchanzug gekoppelt.

Merke

1. Die am weitesten verbreitete Methode, trockene Handschuhe an den Tauchanzug zu montieren, ist die Zwei-Ring-Methode. Latexdichtmanschetten ermöglichen bei den meisten Ringsystemen eine sehr einfache Montage. Meist werden die Armmanschetten nur geweitet und müssen nicht beschnitten werden. So erfüllen sie auch nach dem Herausnehmen des Ringsystems noch ihre Funktion.

2. Der Ring an den Handschuhen erlaubt in der Regel deren Wechsel, so dass Polymer- und Gummihandschuhe montiert werden können. Bei manchen Systemen lässt sich der Befestigungsring für die Latexmanschetten an den Anzug ankleben. Auf diese Weise können auf den Handschuhring Latexdichtmanschetten aufgezogen werden. Bei einigen Ringsystemen ist es möglich, halbtrockene Neoprenhandschuhe am Ring festzumachen.

Tipp

Wird ein perforierter Handschuh abgelegt, um die Dichtung der Latexmanschette in Anspruch zu nehmen, befindet sich die Hand danach unisoliert im kalten Wasser. Deshalb sollte für solche Fälle immer ein zusätzliches Paar Nasstauchhandschuhe mitgeführt werden. So können selbst lange oder gar dekompressionspflichtige Tauchgänge in kaltem Wasser sicher zu Ende gebracht werden.

Das einfachste Ringsystem besteht aus je einem schwarzen Gummiring für die Außenmontage und je einem blauen Kunststoffring für die Innenmontage. Der blaue Innenring wird so tief von innen durch den Ärmel und die Latexmanschette geschoben, bis über dem blauen Ring noch ein 4 bis 5 cm breiter Streifen der Latexmanschette übersteht. Dann wird von außen der schwarze Gummiring mit der dünnen Seite zum Anzug hin über die Latexmanschette geschoben. Jetzt sollten beide Ringe und die Latexmanschette plan übereinander liegen.
Nach dem Anlegen des mitgelieferten Unterziehhandschuhs kann der Trockentauchhandschuh aus Gummi übergezogen werden. Die Stulpe des Handschuhs wird geweitet und über den äußeren Gummiring gezogen. Der Außenring hat zwei Kerben; Über diese Kerben wird die Handschuhstulpe gezogen und sollte nun glatt anliegen. Damit ist der Handschuh mit dem Anzuginneren verbunden.
Der innere Ring darf immer nur so weit in die Latexmanschette eingeschoben werden, dass die Dichtfunktion der Manschette erhalten bleibt. Um den Druckausgleich zwischen Handschuh und Anzug zu ermöglichen, sollte ein dünner Schlauch mit mindestens 3 mm innerer Weite oder eine feine Schnur aus stabilem Material mit diesem Durchmesser unter die Manschette geschoben werden. Die Latexmanschette dichtet zusätzlich, damit bei

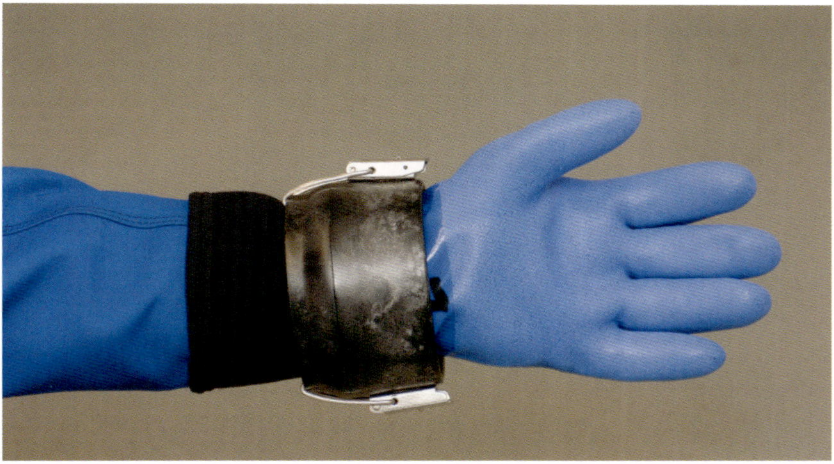

Ringsysteme müssen gut verriegelt werden. Eine Variante dafür sind Schnappverschlüsse.

einer Perforation des Handschuhs Schlauch oder Schnur herausgezogen werden können, ohne dass der Trockentauchanzug vollläuft.

Handhabung

Die Ringsysteme sind sehr sorgfältig zu verriegeln. Eine Lösung dafür sind Schnappverschlüsse. Wird der Unterziehhandschuh in den Dichtflächen eingeklemmt, ist das System undicht. Beim Tauchen ist darauf zu achten, dass nicht nach scharfkantigen Gegenständen gegriffen wird, wenn keine schnittfesten Handschuhe montiert sind.
Schließlich muss gewährleistet sein, dass das Tariergas aus dem Trockentauchanzug zu den Handschuhen und umgekehrt strömen kann. Beim Abtauchen wird der Handschuh sonst komprimiert und kann damit die Hände nicht mehr warm halten. Wird der Gasstrom in der Auftauchphase unterbrochen, dehnt sich das in den Trockentauchhandschuhen verbliebene Tariergas aus. Je nach Verriegelungsmechanismus können dabei die Handschuhe vom Ringsystem gesprengt werden.
Gemeinsam ist den Ringsystemen die Abdichtung über O-Ringe. Diese O-Ringe müssen immer frei von Fremdkörpern sein und mit Silikonfett gefettet werden. O-Ringe sollen zur Wartung und Kontrolle leicht mit einem O-Ring-Ausheber demontiert werden kön-

Tipp

Wenn während der Vorbereitung zum Tauchgang beim Ankoppeln des Inflators ein Handschuh in der Schnellkupplung eingeklemmt und perforiert wird, kann damit nicht getaucht werden. Deshalb ist es sinnvoll, ein zweites Paar Handschuhe des gleichen Ringsystems mitzuführen.

nen. Anschließend werden sie mit einem fusselfreien Tuch gereinigt. Es wird nur so viel Silikonfett auf den O-Ring gegeben, dass der Ring leicht glänzt.

Zu viel Fett kann bei O-Ring-Dichtungen zu Wassereinbrüchen führen. Das Silikonfett darf auf keinen Fall an den Trockentauchanzug gelangen, weil es Teile des Materials durch den Weichmacher im Silikon angreifen oder auch verformen kann.

Die richtige Wahl

Der beste Handschuh für einen Trockentauchanzug ist derjenige, der den jeweiligen Anforderungen entspricht und die Hände warm hält. Ein Wracktaucher, der gern ins Schiffsinnere vordringt, wird sicherlich hohe Anforderungen an die Schnittfestigkeit seiner Handschuhe stellen. Ein Höhlentaucher mit langen Tauchzeiten wird dagegen möglicherweise großen Wert auf Wärmeisolation und Tastgefühl legen.

Das wichtigste Auswahlkriterium für Ringsysteme ist die Handhabung der Ringverbindung. Fast jeder Hersteller hat hier seine eigenen Lösungen entwickelt. Sie reichen von einfachen Steckverbindungen – die oft schwierig zu lösen sind – über aufwändige Bajonettverschlüsse bis hin zu Clipverschlüssen aus Edelstahl. Im Sporttauchbereich sollten neben dem Einsatzzweck und der Wärmeisolation daher auch Handhabung, Ersatzteilkosten und der Anschaffungspreis zur Kaufentscheidung beitragen.

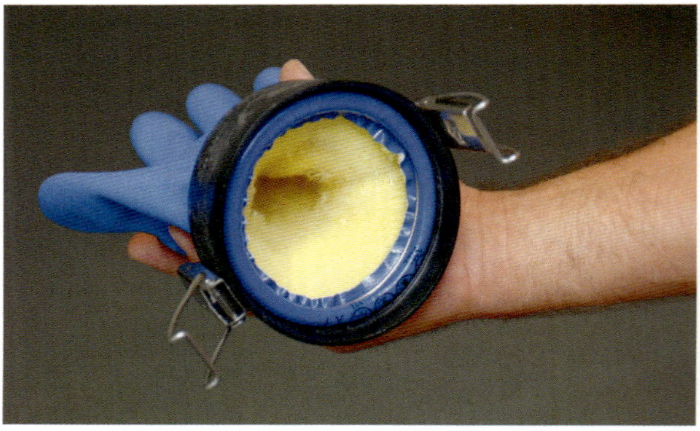

Ringsystem mit Clipverschluss – mechanisch einfach, zuverlässig und leicht handhabbar

Füßlinge und Schuhe

Trockentauchanzüge werden in aller Regel mit angesetzten Füßlingen geliefert, also mit an den Anzug geklebten, vulkanisierten oder verschweißten Schuhen oder Stiefeln. Bei vielen Herstellern ist es möglich, neben der Größe auch die Art oder Ausführung der Füßlinge zu wählen. Lediglich Tropentrockentauchanzüge werden ohne Füßlinge ausgeliefert. Bei diesen Modellen dichtet eine Latexmanschette den Anzug über den Knöcheln ab. Der Vorteil von Trockentauchanzügen ohne Füßlinge besteht darin, dass sie sich komplett auf links drehen lassen und dadurch schnell von innen trocknen. Diese Anzugtypen sind besonders bei Tauchlehrern in den Tropen während der »kalten Jahreszeit« sehr populär.

Tipp

Neoprenschuhe ohne Laufsohle werden nur noch von wenigen Herstellern angeboten. Dennoch haben sie einen Vorteil: Sie sind als einzige komplett auf links wendbar.

Latexsocken

Eine schlichte Variante sind einfache Latexsocken. Eine solche Socke ist oberhalb des Knöchels an das Hosenbein geklebt und soll den Fuß lediglich trocken halten. Sie bietet aufgrund ihres flexiblen Materials eine gewisse Größentoleranz. Unter der Latexsocke wird eine Unterziehsocke zur Isolation getragen und über der Socke ein stabiler Schnürschuh mit einer Laufsohle (engl. »rock boot«). Ein falscher Tritt mit der Latexsocke beim Anziehen kann jedoch schon zu einem Wassereinbruch führen.

Neoprensocken

Mit der Neoprensocke wird ebenfalls ein geeigneter Schuh getragen. Diese Kombination bietet Vorteile bezüglich der Dichtigkeit und Wärme, außerdem ist es damit möglich, im Trockentauchanzug unwegsames Gelände zu betreten. Ohne in den Füßlingen zu rutschen und ohne sie zu beschädigen, kann damit sogar geklettert werden, weshalb diese Kombination auch beim technischen Tauchen sehr beliebt ist. Angesetzte Neoprensocken sind nur noch selten im Angebot.

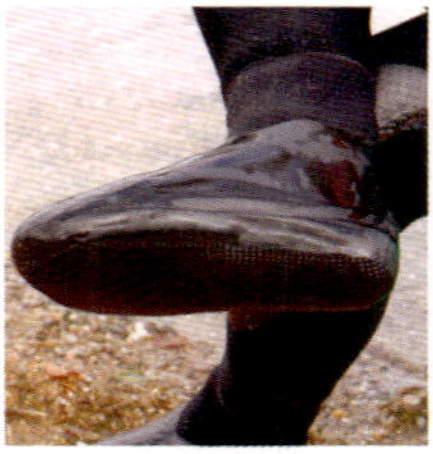

Profillose Füßlinge sind seltener, können aber gut mit Rock-Boots kombiniert werden.

Füßlinge mit Laufsohlen

Einige Hersteller, die auch Berufstaucher ausrüsten, bieten zusätzlich angesetzte Stiefel aus Gummi mit Profil-Laufsohle und Absatz an. Der Vorteil dieser Stiefel ist die rutschsichere, sehr feste Sohle und ihre dekontaminierfähige Oberfläche. Der Absatz bietet beim Besteigen von Leitern einen sicheren Tritt.

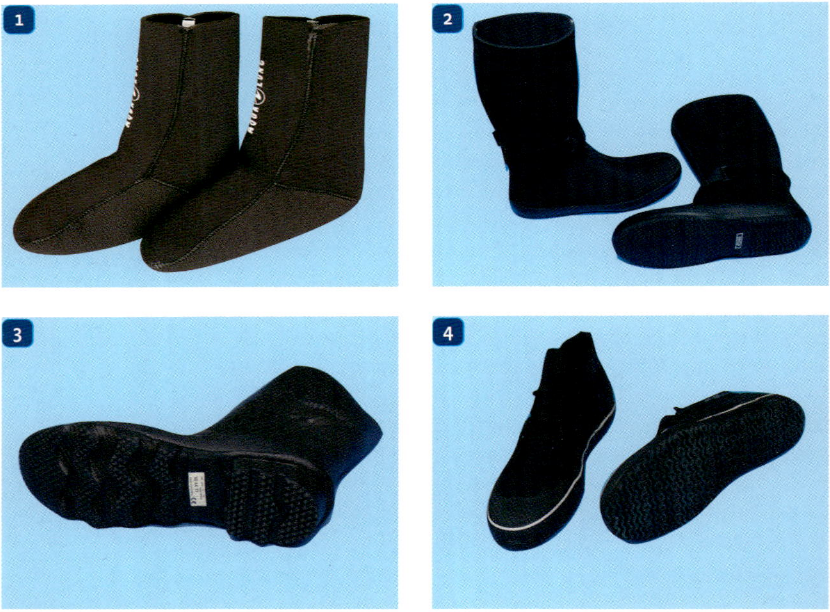

Der Trockentaucher kann sich bei der Erstbestellung die für ihn am besten geeigneten Füßlinge aussuchen, Änderungen oder einen Austausch aber auch nachträglich vornehmen lassen. Über Neoprensocken (1) können Rock-Boots (3) getragen werden.

Neoprenschuhe werden in der Regel mit einer Schutzgummierung versehen, um dem Abrieb durch Tauchflossen entgegenzuwirken. Es gibt auch Neoprenschuhe mit zusätzlichen Front- und Seitenverstärkungen sowie einer integrierten Flossenbandfixierung. Die Flossenbandfixierung besteht aus einer Falte oder einem anvulkanisierten Gummiwulst an der Ferse des Neoprenschuhs. Die Laufsohle kann je nach Hersteller ganz glatt bis hin zu einer stabilen Anti-Rutsch-Sohle mit deutlichem Profil ausgeführt sein.

Auswahlkriterien

Für oder gegen einen bestimmten Füßling spricht immer der Einsatzzweck. Taucher, die im Winter im kalten Wasser vom Boot aus tauchen, Leitern benutzen und mit den Füßlingen auch schon einmal mit Teer und Öl in Berührung kommen, sind mit einem Sicherheits- oder zumindest einem Gummistiefel gut beraten. Trockentaucher, die auf dem Weg zu ihren Gewässern durch unwegsames Gelände oder über steile Hänge laufen oder sogar klettern müssen, sind mit den festen Schnürschuhen über Socken gut bedient. Wer nur leichtes Gelände überwinden muss und sein Hauptaugenmerk auf warme Füße legt, dem werden gummierte Neoprenschuhe reichen.

Ventile

Kein Trockentauchanzug kommt ohne mindestens je ein Einlass- und ein Auslassventil aus. Nur damit kann der Taucher beim Trockentauchen Barotraumen verhindern und/oder die Aufstiegsgeschwindigkeit steuern und kontrollieren.

Einlassventile

Die sogenannte Aufblasvorrichtung soll es dem Taucher ermöglichen, den Trockentauchanzug mit einem Gas zu befüllen. Dieses Gas muss so nachgeführt werden können, dass zu jeder Zeit und Tiefe ein konstantes Volumen des Trockentauchanzuges hergestellt werden kann. Die Festlegung der Grenzwerte, Festigkeiten und Eigenschaften sowie deren Prüfung sind wichtige Bestandteile der Europäischen Norm EN 14225-2.

Merke

1. Die in Deutschland entwickelte DIN-Norm (Deutsche Industrie-Norm) geht im Zuge der Harmonisierung des vereinigten Europas in die EN (Europäische Norm) über. Verantwortlich für diese Normen ist das Europäische Komitee für Normung, abgekürzt CEN.

2. Im Februar 2005 wurde vom CEN für den europäischen Geltungsbereich in Bezug auf Trockentauchanzüge die Norm »EN 14225-2 Dry Suits« angenommen. In der Norm wird für den Begriff Inflatorschlauch die offizielle Bezeichnung »Aufblasschlauch« festgelegt. Das gemeinhin als Einlassventil bekannte fest mit dem Trockentauchanzug verbundene Ausrüstungsteil wird in der offiziellen Version der Norm mit dem Begriff »Aufblasvorrichtung« versehen. Entsprechend deklariert die EN 14225-2 das Ablassventil am Anzug als Entleervorrichtung.

3. In diesem Buch werden auch die unter deutschsprachigen Tauchern gebräuchlichen Bezeichnungen, also »Einlassventil« und »Auslassventil«, verwendet.

4. Die EN-Norm wird für die ISO vorbereitet.

Merke

1. Trockentauchanzüge werden auch als Konstantvolumen-Tauchanzüge bezeichnet. Während Dichtmanschetten am Hals, den Handgelenken und eventuell an den Fußknöcheln sowie der gasdichte Reißverschluss dafür sorgen, dass kein Wasser in die Anzüge eindringt und der Taucher trocken bleibt, garantieren das Einlass- und ein oder mehrere Auslassventile eine Steuerung des konstanten Volumens im Anzuginneren. Unabhängig von der Wassertiefe muss es dem Taucher möglich sein, den Druck weitgehend gleichbleibend halten zu können.

2. Während der Phase des Abtauchens erfolgt die Konstantvolumensteuerung durch einen aktiven Eingriff des Tauchers. Er führt zu diesem Zweck per Knopfdruck Luft über das Einlassventil und durch den vom Druckbehälter dort mündenden Mitteldruckschlauch in seinen Anzug.

3. In der Auftauchphase kann die Steuerung des Volumens durch ein automatisches Ablassventil oder die manuelle Betätigung des Ablassventils an Kopf oder Oberarm erfolgen.

Einlassventile für Trockentauchanzüge können grundsätzlich in zwei Typen aufgeteilt werden. Erstens Ventile, die sich im fest eingebauten Zustand drehen lassen und deren Inflatoranschluss sich somit jederzeit neu ausrichten lässt, und zweitens Ventile, die sich nicht mehr drehen lassen, sobald sie in den Anzug integriert oder eingebaut sind.

Einlassventil
An den Kupplungsnippel wird der Mitteldruckschlauch angeschlossen.

Ein weiteres Unterscheidungsmerkmal bei Ventilen sind die verschiedenen Ausführungen der Kupplungsnippel, an die der Aufblasschlauch angeschlossen wird. Unterschiede bestehen weiterhin in der Konstruktion des Einlassknopfs. Die meisten Ventile werden zur Brust hin gedrückt. Es gibt jedoch Ventiltypen, die parallel zur Brust geschoben werden, um den Gaseinlass zu aktivieren.

Standardposition
Bei allen gängigen Standardausführungen von Trockentauchanzügen gleich welchen Materials ist die Position des Einlassventils nach den Maßgaben der Europäischen Norm festgelegt. Die Lage der Aufblasvorrichtung wurde so definiert, dass sie von einem Taucher mit einem Dreifingertauchhandschuh jederzeit problemlos erreicht und betätigt werden kann. Daher ist das Ventil in aller Regel mitten auf der Brust positioniert. Bei einer Maßanfertigung besteht aber auch die Möglichkeit der frei gewählten Positionierung des Einlassventils. In diesem Fall kann der Taucher alle am Körper erreichbaren Stellen auswählen.
Bevor die modernen und heute nahezu ausschließlich gebräuchlichen Tarierjackets auf den Markt kamen, wurde mit einem Tarier- oder Rettungskragen getaucht. Da diese Art von Tariereinheit latzähnlich um den Hals getragen wird, ist die Standardposition des Ventils vor der Brust nur sehr umständlich oder gar nicht zugänglich. Für das Tauchen mit Tarierkragen bietet sich als Position für das Einlassventil der Bereich oberhalb der Hüfte auf der Vorderseite des Trockentauchanzuges an. Die Tarier- oder Ret-

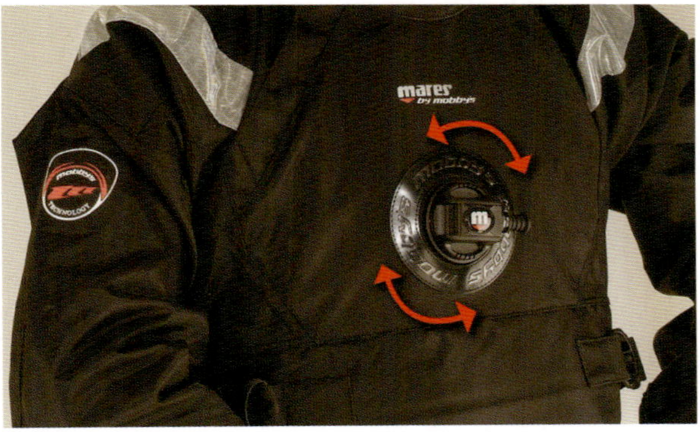

Das Einlassventil kann auch unter Druck gedreht werden.

tungskragen – im Taucherjargon auch als »Klodeckel« bezeichnet – entsprechen beim Sporttauchen nicht mehr dem Stand der Technik.

Abweichende Positionen

Dennoch bedeutet das nicht, dass die Position der Aufblasvorrichtung an der Hüfte unsinnig ist oder von der Norm verboten wird. Beim technischen Tauchen, zum Beispiel dem Höhlentauchen, muss jede Positionierung in Betracht gezogen werden, die es dem Taucher am besten ermöglicht, den Trockentauchanzug zu belüften.
Auch für Fotografen und Filmer bietet die Hüftposition des Einlassventils eine Möglichkeit, die Kameras in bestimmten Situationen um den Hals zu tragen und dennoch komfortabel das Ventil zu bedienen.
Ein zusätzliches Einlassventil als Ergänzung zu dem an der Standardposition ist eine weitere Option. So kann sich jeder Taucher seinen Trockentauchanzug nach seinen persönlichen Bedürfnissen gestalten lassen.

Technik

Das Einlassventil sollte möglichst ohne Werkzeug gedreht werden können. Dies ermöglicht die freie Wahl der Mitteldruckschlauchführung für jede Ausrüstungskonfiguration. (A)
Auch wenn der Mitteldruckschlauch am Kupplungsnippel angeschlossen ist, lässt sich das Einlassventil drehen, solange kein Gas durch Öffnen des Flaschenventils zugeführt wird.
Das Einströmen von Tariergas in den Trockentauchanzug wird durch Betätigen des Druckknopfs ermöglicht. Dieser wird mit einer Feder in seiner Ruheposition gehalten.
Durch den zweiten O-Ring am unteren Ende des Druckknopfes wird das Ventil gegen Wasser verschlossen, wenn kein Mitteldruckschlauch angekuppelt ist. (B)
Durch Drücken des Bedienknopfes wird die Feder zusammengepresst. Der obere O-Ring bewegt sich in Richtung Einströmkanal und der an dem Teil der unteren Welle des Bedienkopfes fixierte O-Ring bewegt sich in Richtung Abdeckplatte. Somit wird der gesamte Einströmkanal freigegeben und es wird eine kontrollierte Zufuhr an Tariergas ermöglicht.
Sobald der Bedienknopf losgelassen wird, drückt die zuvor

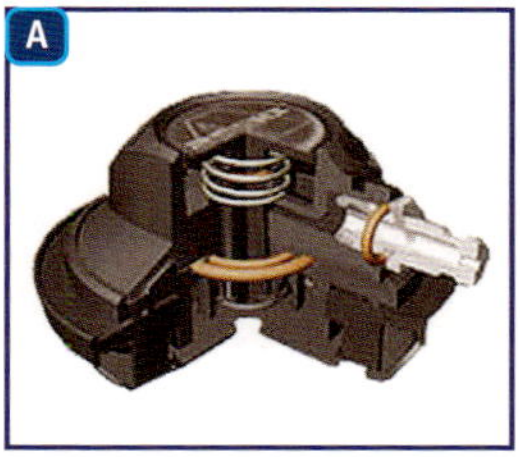

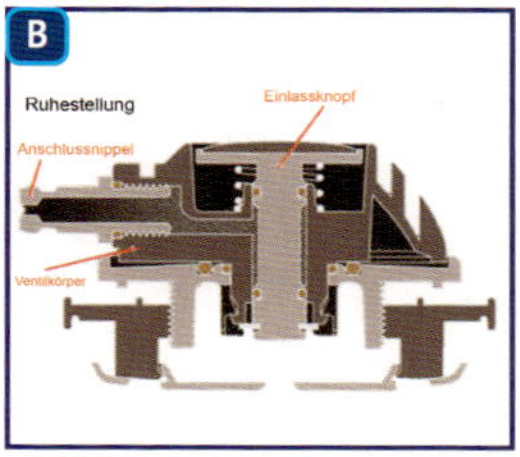

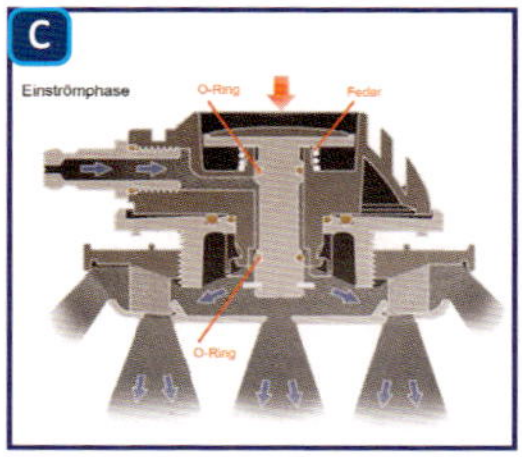

gepresste Feder die O-Ringe in die Ausgangsposition zurück, und das Einlassventil ist geschlossen. Damit wird ein weiteres ungewolltes Eindringen von Tariergas und Wasser in den Trockentauchanzug verhindert. (C)

Praktische Erwägungen

Sind zwei Tauchpartner mit den gleichen Inflatorkupplungen ausgerüstet, kann im Notfall bei Versagen der eigenen Zufuhr Gas über den Mitteldruckschlauch des Partners in den Anzug und/oder die Tariereinheit des Gegenübers geleitet werden. Diese Konfiguration ist im technischen Tauchen schon länger üblich.

Vor dem Austausch der Inflatoranschlussstifte zwecks Angleichen der Systeme sollte aber der Hersteller befragt werden, denn auch die Durchflussraten der zu den Einlassventilen gehörenden Schläuche sowie Berstdrücke sind in der EN 14225-2 geregelt. Ein Austausch ohne Rückversicherung beim Hersteller hat eventuelle Haftungsausschlüsse oder sogar Garantieverluste zur Folge. Je nach Rechtslage wird der Taucher bei einem solchen Eingriff selbst zum Hersteller im juristischen Sinne und muss im Falle eines Verkaufs oder beim Verleihen seines Anzugs oder des Ausrüstungsteils, das er verändert hat, für Schäden Dritter haften. Am besten ist daher immer eine Lösung, bei der der Hersteller des Trockentauchanzuges den Anzug gleich mit allen Sonderwünschen liefert. Das spart einerseits Arbeit und vermindert das Risiko, den Anzug zu beschädigen, andererseits bleiben gesetzlich garantierte Gewährleistungsrechte erhalten. Daneben setzt sich der Taucher nicht der Gefahr aus, im juristischen Sinne als Hersteller zu gelten.

Ist der Mitteldruckschlauch an das Einlassventil angekuppelt und steht der Mitteldruck am Ventil an, wird durch Drücken des

Tipp

Es gibt verschiedene Ausführungen für die Kupplungen der Inflatoranschlüsse. Wenn das Einlassventil und der Inflatoranschluss der Tariereinheit mit unterschiedlichen Kupplungen ausgestattet sind, ist es sinnvoll, die Anschlüsse anzugleichen. Wenn die beiden Systeme kompatibel sind, kann der Trockentauchanzug im Notfall auch mit dem Inflatorschlauch des Tarierjackets belüftet werden.

Betätigt man das Einlassventil, strömt aus dem Mitteldruckschlauch Gas in den Trockentauchanzug.

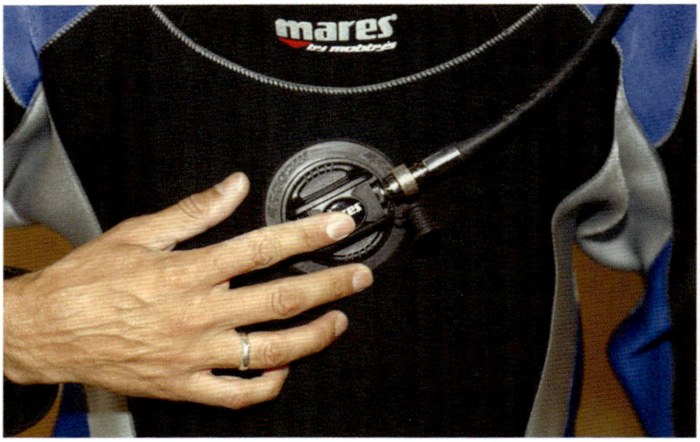

Knopfes in der Mitte das Ventil freigegeben, und Gas kann in den Trockentauchanzug einströmen. Nach dem Loslassen des Druckknopfes wird das Ventil durch Federkraft zurückgestellt und geschlossen. Der Gasstrom muss dadurch sofort unterbrochen werden.

Bei neuen Anzügen, speziell bei Neoprentrockentauchanzügen, muss nach dem Tauchen die Einlassventilmutter nachgezogen werden. Diese Mutter neigt in der ersten Zeit des Gebrauchs und da besonders nach Tieftauchgängen dazu, sich zu lösen. Die Ursache dafür liegt in der Komprimierung des Neoprens durch den hohen Umgebungsdruck in der Tiefe.

Eine lose Ventilmutter kann zu Wassereinbrüchen in den Trockentauchanzug führen und den Taucher in ernste Schwierigkeiten bringen.

Auch bei Trockentauchanzügen aus anderen Materialien als Neopren lässt sich jedoch nicht ausschließen, dass es zu Komprimierungen und damit zum Lösen der Mutter kommen kann. Darum muss von Zeit zu Zeit auch bei diesen Anzügen die Ventilmutter nachgezogen werden.

Nach dem Tauchen sollte das Einassventil, wie im Kapitel Reinigen besprochen, gespült werden. Einmal im Jahr sollten, wie auch die Atemregler, die Ventile am Trockentauchanzug von einer durch den Hersteller autorisierten Fachkraft demontiert, gereinigt, revidiert und überprüft werden. Die in den Einlassventilen verbauten O-Ringe unterliegen einer Alterung und sollten regelmäßig kontrolliert und in bestimmten Abständen oder bei Verschleiß ausgetauscht werden.

Auslassventile

Die EN 14225-2 schreibt für Trockentauchanzüge ein automatisches Überdruckventil vor, um den Taucher vor einem zu hohen Innendruck im Trockentauchanzug zu schützen und ein zu schnelles unkontrolliertes Aufsteigen zu vermeiden. Zusätzlich zu diesem automatischen Ventil wird noch eine manuell bedienbare Entleerungsvorrichtung beziehungsweise ein manuell bedienbares Ablassventil gefordert. In diesem Fall orientiert sich die Norm jedoch auch an der gängigen Praxis und erlaubt ein Ventil, das beide Eigenschaften in sich vereint.
Das automatische Auslassventil wurde konstruiert, um das Volumen des Tariergases im Trockentauchanzug zu kontrollieren. Es

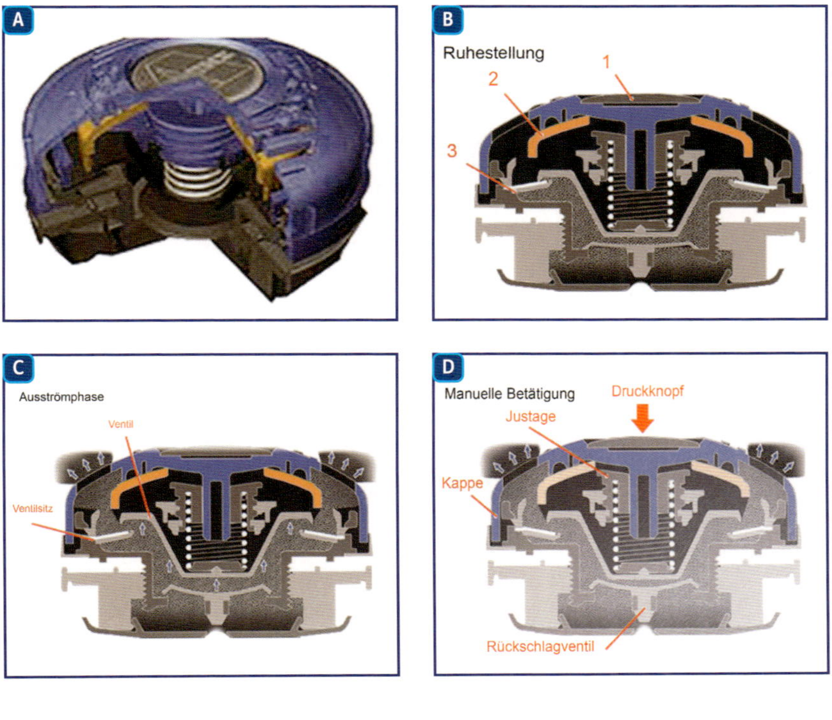

wird vom Taucher so eingestellt, dass es eine gute Tarierung und einen sicheren Aufstieg erlaubt. Um das Durchströmen des Tariergases durch das Ventil zu ermöglichen, ist es wichtig, einen gut passenden Unterzieher zu tragen.
In der Ruhestellung strömt kein Gas durch das Ventil. Das Ansprechen des Ventils auf einen erhöhten Druck im Anzug wird mittels einer drehbaren Kappe (1) reguliert. Das Drehen der Kappe im Uhrzeigersinn vergrößert das Auslösemoment, das auf den Ventilsitz wirkt, und lässt einen geringeren Durchfluss zu. Die Drehung der Kappe entgegen dem Uhrzeigersinn gestattet einen größeren Durchfluss. Die Kappe dreht sich in fühlbaren Rasterschritten, um eine unbeabsichtigte Änderung des Auslösemoments zu vermeiden. (A, B)
Wenn der Taucher aufsteigt, dehnt sich das Tariergas im Trockentauchanzug aus. Das automatische Ablassventil erkennt den zunehmenden Druck im Anzug, das Ventil (1) hebt sich vom Ventilsitz (2), und das Tariergas kann ausströmen. (C)
Wenn sich während des Tauchens zu viel Tariergas im Trockentauchanzug befindet, kann die Kappe von Hand gedrückt werden (1), um das Ventil auszulösen und das überschüssige Tariergas abzulassen. Wird der Auslassknopf bei zu niedrigem Innendruck im Trockentauchanzug gedrückt, verhindert ein zweites Rückschlagventil (2) das Eindringen von Wasser in den Trockentauchanzug. (D)
Das Auslassventil kann ohne Werkzeug aus dem Trockentauchanzug aus- und wieder eingebaut werden. Dazu drückt man die Kappe und dreht das Ventil. Auf diese Weise wird die innen liegende Mutter gelöst oder festgezogen.

Standardposition
Standardmäßig ist das Auslassventil auf dem linken Oberam des Trockentauchanzugs angebracht. Diese Stelle muss der Taucher bei jeder Art von Ausrüstung erreichen können. Grundsätzlich spricht nichts gegen den Einbau eines zusätzlichen Auslassventils an anderer Stelle.

Normierte Auslassventile
Bei nicht verstellbaren Überdruckventilen darf der Öffnungsdruck, der durch eine Feder im Inneren des Überdruckventils eingestellt wird, 40 Millibar nicht überschreiten. Wenn in den Tro-

Das Auslassventil sitzt standardmäßig auf dem linken Oberarm des Trockentauchanzugs.

ckentauchanzug über das Einlassventil Tariergas gefüllt wird, ergibt sich daraus, dass das Sicherheitsventil bei einem Überdruck von mehr als 40 Millibar über dem Umgebungsdruck öffnen muss. Dabei soll die Luftlieferleistung des Einlassventils unter der Durchlassleistung des Auslassventils liegen. Geprüft wird die Durchflussleistung bei einem Überdruck im Trockentauchanzug bei 25 Millibar.
Bei verstellbaren Auslassventilen sind auf dem äußeren Verstellring Hinweise eingeprägt. So gibt etwa ein Pfeil die Richtung an, in die das Auslassventil gedreht werden muss, damit es bei geringerem Gegendruck (min 25 Millibar) öffnet. Alternativ steht dort

der Hinweis »open« oder ein Minuszeichen. Der analog in die andere Richtung zeigende Pfeil und/oder die Markierung »Plus« oder »closed« für geschlossen zeigt die Verstellrichtung für eine Auslösung unter größerem Druck (maximal 40 Millibar) an.
Das Hinterlegen der Ein- und Auslassventile mit einer gelochten oder nach den Seiten offenen Neoprenplatte ist zwar nicht in der Europäischen Norm festgelegt. Es vermindert aber die Reibung des Ventils am Unterzieher. Durch die gelochte Neoprenplatte liegen die Ventile bei einem Trockentauchanzug ohne Unterzieher außerdem nicht direkt auf der Haut auf und bilden dadurch keine Kältebrücken.
Eine praktikable Lösung für solche Fälle ist eine zweigeteilte Lasche, die mit einem Klettverschluss gesichert werden kann. Durch die Teilbarkeit der zu beiden Seiten offenen Lasche werden dazu das Festziehen und das Ein und Ausschrauben der Ventile sehr erleichtert.

Verwendung nicht der Norm entsprechender Auslassventile
Vollautomatische Auslassventile ohne Betätigungs- und Einstellmöglichkeiten dürfen entsprechend der Norm EN 14225-2 nicht als einziges Auslassventil verbaut werden, sondern nur zusätzlich zu den regulären Ventilen. Eine mögliche Position für den Einbau eines zusätzlichen vollautomatischen Auslassventils ist die separate Kopfhaube, um hier eine Ansammlung von ausgeat-

Merke

1. In der Praxis herrscht in 10 m Wassertiefe ein Umgebungsdruck von 2 Bar. Bei hydrostatischem Gleichgewicht herrscht im Trockentauchanzug der gleiche Druck wie außerhalb des Anzugs. Wird nun der Arm, auf dem am Trockentauchanzug das auf den geringsten zulässigen Überdruck (25 Millibar) eingestellte Auslassventil angebracht ist, um 25 cm angehoben, öffnet das Überdruckventil.

2. Je mehr Blei der Taucher mitnimmt (schlechte Abstimmung von Mensch und Technik), desto mehr Luft wird transportiert. Das Ergebnis wird sein, dass die Luft eher durch das Ventil gedrückt wird. Der Taucher muss nun das Ventil weiter zudrehen, um die Luft zu halten. Das bedeutet mehr Innendruck im Anzug und entsprechend weniger komfortables Tauchen.

Wird das Auslassventil mit Neopren hinterlegt, kann das Ventil nicht am Unterzieher reiben.

metem Atemgas zu vermeiden. Zuweilen wurden diese Ventile auch im Bereich der Fersen eingebaut, um das Tariergas, das sich in den Füßlingen gesammelt hat, auszuschleusen.
Für die Verwendung von nicht der Norm EN 14225-2 entsprechenden Auslassventilen spricht deren kleine und flache Bauform sowie das äußerst einfache Konstruktionsprinzip. Solche Ventile bestehen lediglich aus einem Kunststoffgehäuse und einem Flatterventil. Dieses sogenannte Flatterventil ist den meisten Tauchern als Auslassventil der Zweiten Stufe des Lungenautomaten bekannt.

Merke

1. Beim Tauchen mit Kreislaufgeräten, wie zum Beispiel dem Buddy Inspiration, ist es sinnvoll, das zusätzliche Auslassventil knapp unterhalb der Armmanschette einzusetzen. Wenn sich das mit der EN 14225-2 kompatible Auslassventil an der Standardposition am linken Oberarm befindet, ist das Ablassventil bei gefüllten Gegenlungen nur schwer zu erreichen. Je nach mitgeführter Zusatzausrüstung und Bauform muss man unter der Gegenlunge durchgreifen, um das Auslassventil zu erreichen. Bei einem zusätzlichen Auslassventil muss nur der Arm gehoben werden, und der Überdruck wird abgelassen.

2. In vielen Kreislauftauchgeräten werden die gleichen Auslassventile als Überdruckventile in den Gegenlungen eingesetzt, dann allerdings mit teilweise veränderten Federspannungen und, daraus resultierend, veränderten Drücken.

Wartung und Zustandsüberprüfungen

Auslassventile werden unter fließendem und sauberem Süßwasser unter ständigem Drehen des Auslöseringes gereinigt. Dabei sollte fließendes Wasser auch durch das Ventil strömen. Durch Drücken des Auslöseknopfes können die an der Funktion beteiligten Bauteile vom Wasser durchspült werden.

Wie bei den Einlassventilen unterliegen die O-Ringe der Auslassventile ebenfalls einer natürlichen Alterung. Hinzu kommt die Alterung der Ventilmembranen. Alle diese Teile sollten, wie diejenigen eines Lungenautomaten, aus Sicherheitsgründen im Zuge der regelmäßigen Wartungen ausgetauscht werden.

Auch die Federspannung des Auslassventils lässt im Laufe der Jahre nach. Da aber die Instandsetzung der Ventile und die Bevorratung mit Ersatzteilen meist relativ hohe Kosten verursacht, ist es in vielen Fällen billiger, einfach ein neues Ventil einzusetzen anstatt das alte zu reparieren.

Lösungen für den Harndrang

Wenn dem Taucher kalt wird, aber auch einfach bei längeren Tauchgängen kommt es durch die natürliche Nierenfunktion (siehe Kapitel Medizin) früher oder später zu vermehrtem Harndrang. Damit der Tauchgang nicht abgebrochen werden muss, gibt es verschiedenes Zubehör für Trockentaucher, um das Problem während des Tauchganges auf saubere Art und Weise zu lösen. Von mehreren Alternativen stellt ein Urinalventil vielleicht nicht den einfachsten, aber besten Weg dar, sich des Harns zu entledigen. Allerdings muss gesagt werden, dass besonders in der Vorbereitung – von der Feststellung der Passform des Urinalkondoms bei den Herren bis zum sorgfältigen Anlegen von Urinableitern bei Damen und Urinalkondomen bei Herren – relativ aufwändig scheinende Maßnahmen in Angriff genommen werden müssen. Wer jedoch regelmäßig im Trockentauchanzug ins Wasser geht oder, wie Ausbilder und Guides, sehr viel Zeit im Anzug verbringt und vor allem lange Tauchgänge durchführt, wird ganz sicher die Vorteile über den Aufwand stellen.

Es gibt dabei nicht nur Lösungen für die Zeit im Wasser, sondern auch für die mehr oder weniger lange Pause zwischen den Tauchgängen.

Ein gasdichter Reißverschluss, an geeigneter Stelle nachträglich eingebaut, stellt zumindest für männliche Taucher außerhalb des Wassers eine gute Lösung dar.

Zwischen den Tauchgängen

Wenn der Trockentauchanzug einmal angezogen ist, wäre das Ablegen mit Zeit und je nachdem mehr oder weniger großem Aufwand verbunden. Nicht nur Tauchlehrer ziehen den Anzug daher zwischen zwei Trockentauchgängen nur ungern wieder aus. Um auch ohne diese Prozedur dem Harndrang nachgeben zu können, werden im Tauchsportfachhandel als Zubehör zu Trockentauchanzügen kurze gasdichte Reißverschlüsse angeboten. An entsprechender Stelle eingebaut, stellen sie für männliche Taucher eine recht praktikable Lösung dar. Für Frauen gibt es keine vergleichbare Lösung.

Windeln

Eine für Frau und Mann gleichermaßen anwendbare Lösung ist die Windel für Erwachsene. Beim Schnitt der Windel wird nach Geschlecht unterschieden, es gibt sowohl Damen- als auch Herrenmodelle. Das Anlegen der Windeln ist denkbar einfach und zur Not auch der Gebrauchsanleitung der Verpackung zu entnehmen. In der Regel werden die Windeln wie Unterhosen angezogen. Das Unterhemd sollte, damit es trocken bleibt, nicht mit in die Windel gesteckt, sondern darüber getragen werden.

Das Problem der Windel ist, dass die Feuchtigkeit nur gesammelt wird und im Trockentauchanzug verbleibt. Solange sich der Taucher mit dem Trockentauchanzug in einem ausgeglichenen Volumen befindet, also der Außendruck dem Innendruck des Trockentauchanzugs entspricht, bleibt die Feuchtigkeit in der Windel gespeichert. Sobald aber aus dem Trockentauchanzug das Tariergas abgelassen wird oder sich der Außendruck erhöht, wird die Windel komprimiert und es kommt zu einer Rückfeuchtung. Bei sehr starker Komprimierung der Windel läuft der Urin aus der Windel in den Trockentauchanzug und sammelt sich in den Füßlingen. In diesem Falle hätte auch auf eine Windel verzichtet werden können.

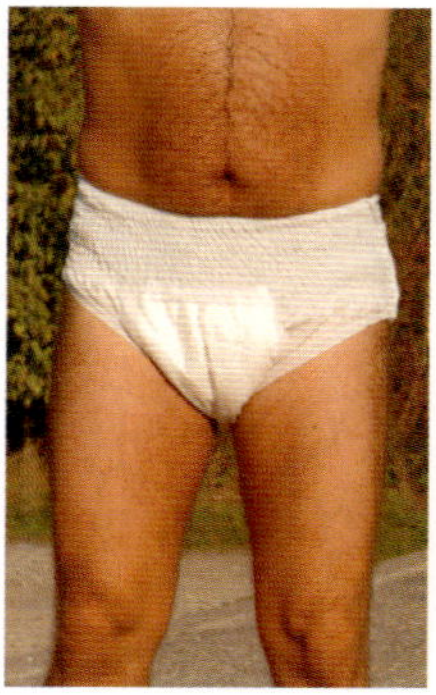

Eine Windel anzulegen, mag manchem Taucher merkwürdig erscheinen. Es ist aber die einfachste Lösung des Harnproblems.

Die Windel ist die einfachste und vor allem kostengünstigste Lösung.

Sie erfordert allerdings Übung im Umgang und eine gewisse psychische Stabilität gegenüber den Kommentaren anderer Taucher am Tauchplatz.

Inkontinenzhosen

Eine sehr gute Alternative ist die Inkontinenzhose, die auch den Vorteil hat, den Nierenbereich zusätzlich warm zu halten. Diese Hosen werden für Damen und Herren aus Neopren auf Maß geschneidert.

Urinalventile

Die beste Möglichkeit, sich des Harns zu entledigen, ist das Ausschleusen aus dem Trockentauchanzug. Dazu werden von der Tauchsportindustrie Urinalventile, im englischen »pee-valves« genannt, angeboten. Diese Ventile sind, wie die zuvor angesprochenen Windeln, ebenfalls von beiden Geschlechtern verwendbar. Es sind verschiedene System erhältlich, die allesamt nachträglich eingebaut werden können. (1)
Bei einer Variation wird das schon bekannte Überdruckventil des Trockentauchanzuges verbaut. (2) Allerdings befindet sich auf der Innenseite des Trockentauchanzuges anstelle der gelochten Verschraubung eine geschlossene Verschlusskappe. In diese Verschlusskappe ist ein Röhrchen eingesetzt, das auf einer Seite die Möglichkeit bietet, einen Schlauch anzuschließen. Die andere Seite des Röhrchens hat eine Verbindung zum Inneren der Verschlusskappe. Somit kann der Urin über einen Schlauch in die Kappe geleitet und von dort aus über das Ventil aus dem Trockentauchanzug geführt werden.
Bei der Benutzung des Überdruckventils zu diesem Zweck lässt sich der Druck einstellen, der aufgebracht werden muss, um das Ventil zu überwinden. Er liegt im Normalfall zwischen 25 und 40 Millibar. Sogar eine manuelle Betätigung durch Drücken der äußeren Einstellverschraubung ist möglich.

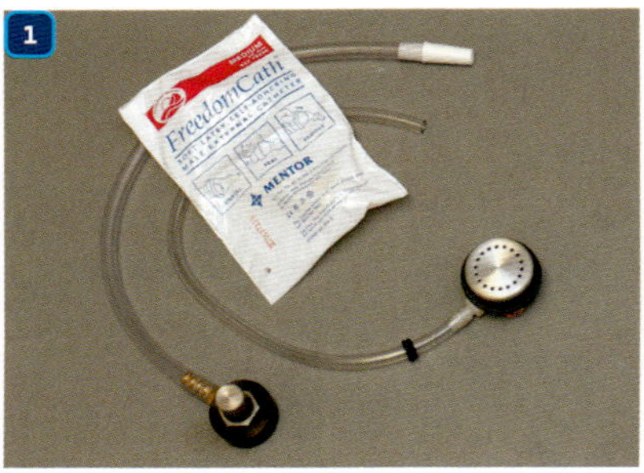

Wichtig ist bei allen Urinalventilen, dass sämtliche Schläuche und Hohlräume im Urinalventilsystem mit dem Innendruck des Trockentauchanzuges verbunden sind.

Nach dem Gasgesetz von Boyle-Mariotte (siehe Kapitel Gasgesetze) werden beim Abtauchen die verbliebenen Gase in den Schläuchen komprimiert. Dabei kommt es zu einem Unterdruck in den gasgefüllten Hohlräumen im Urinalventilsystem und im schlimmsten Fall zu schmerzhaften Druckfallverletzungen, also einem Barotrauma, an den angeschlossenen Körperteilen. Aus diesem Grund wird das Innere der Verschraubung als Ausgleichskammer benutzt und über ein Einwegventil an den Innendruck des Trockentauchanzugs gekoppelt.
Einige Hersteller haben spezielle Urinalventile entwickelt, die eine wesentlich kleinere Bauform aufweisen als die Standard-Überdruckventile für Trockentauchanzüge. Bei diesen Ventilen lässt sich im Allgemeinen aufgrund ihrer kompakten Bauform der Druck nicht einstellen. Neben den automatischen Urinalventilen sind auch Ventile am Markt, die ausschließlich manuell durch eine Betätigung von außen zu öffnen und zu schließen sind. Kombinationen beider Ventilarten sind ebenfalls erhältlich. Manuelles Eingreifen hat bei Tauchgängen, die durch ihre zeitliche Ausdehnung das übliche Maß überschreiten, immer seine Berechtigung.
Gefertigt werden die Ventile aus verschiedenen Materialien wie Edelstahl, Kunststoff und auch Aluminium. Die Auswahl des Materials ist dabei der Vorliebe des Tauchers überlassen.
Beim Zusammenpacken des Trockentauchanzugs muss darauf geachtet werden, dass der Anschlussnippel am Urinalventil abgedeckt wird. In vielen Fällen besteht er nämlich aus Materialien wie Messing, Edelstahl oder Kunststoff und ist scharfkantig. Wenn diese Anschlussnippel nicht abgedeckt werden, können sie den Trockentauchanzug durchstechen. Ein sinnvoller Schutz kann darin bestehen, den Anschlussschlauch nach dem Tauchen nicht zu entfernen bzw. nicht vom Anschlussnippel des Ventils abzuziehen. Einige am Markt befindliche Systeme sehen eine Demontage des Schlauches erst gar nicht vor. Bei diesen Systemen sind auch die Richtungsventile an oder zwischen den Schläuchen angebracht.

Tipp

Wie bei den Ein- und Auslassventilen am Trockentauchanzug ist zur Vermeidung von Kältebrücken auch bei Urinalventilen eine Hinterlegung mit einem Neoprenstreifen sinnvoll.

Bei diesem Urinalsystem sind die Richtungsventile ins Schlauchsystem integriert.

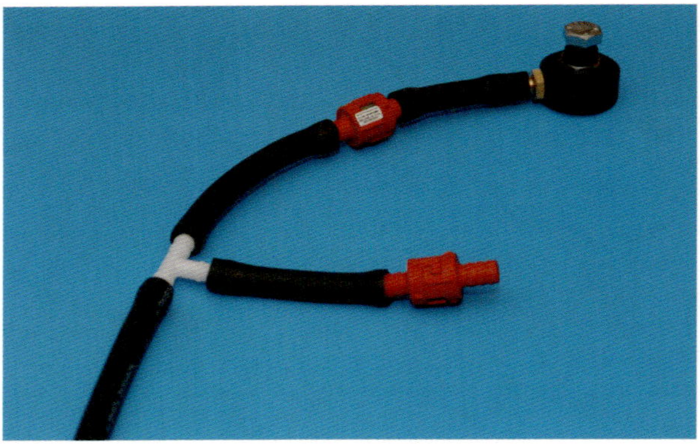

Reinigung und Pflege

Nach dem Tauchgang und der Benutzung des Urinalventils muss das gesamte System mit sauberem Süßwasser gespült werden. Dazu wird mit einer in der Apotheke erhältlichen Einwegspritze das Süßwasser mehrmals durch das gesamte System gepresst. Von Zeit zu Zeit sollte das Urinalventil demontiert und einer kompletten Reinigung unterzogen werden. Diese Maßnahme dient nicht nur der Hygiene, sondern vermeidet auch die Bildung von Urinstein. Gleichzeitig lassen sich dann die Flatterventile auf Funktion überprüfen oder gegebenenfalls ersetzen.

Zur Reinigung bietet sich auch ein Ultraschallbad mit den auf das Material des Urinalventils abgestimmten Reinigern an. Das Ventil kann auch in eine Lösung von Gebissreinigungstabletten gelegt werden.

Da die Reinigung der verschiedenen Materialien auch unterschiedlicher Reiniger bedarf, ist es sinnvoll, sich vom Fachhändler beraten zu lassen oder den entsprechenden Reiniger gleich vom Hersteller des Urinalventils zu beziehen. Die Anweisungen der Hersteller haben unbedingte Priorität. Das gilt insbesondere im Hinblick auf eine einwandfreie Funktion, dient aber auch zur Erhaltung der Garantieansprüche.

Das Urinalventil Ihrer Wahl sollte sich problemlos demo<ntieren lassen. Viele Teile sind allerdings sehr kompakt gebaut; Richtungsventile zum Beispiel werden beim gewaltsamen Öffnen fast immer zerstört. Sie sind jedoch so preisgünstig, dass sich ein größerer Reinigungsaufwand nicht lohnt. Als sehr sinnvoll hat es

sich erwiesen, zum Urinalventil eine Blindverschraubung zu kaufen. Ist das Urinalventil aus irgendwelchen Gründen nicht einsatzfähig, lässt sich der Trockentauchanzug nach dem Verschließen der Öffnung mit dieser Blindverschraubung weiter benutzen. Auch die wichtigsten Ersatzteile sollten gleich mitgekauft werden. Die Teile verschiedener Hersteller sehen einander zwar oft zum Verwechseln ähnlich, sind aber keineswegs kompatibel. Um das Urinalventil an den Körper des Tauchers zu adaptieren, bedarf es eines entsprechenden Anschlusses. Verschiedene Hersteller bieten passende Inkontinenzprodukte an. Für Herren gibt es Inkontinenzkondome in den verschiedensten Variationen, für Damen Urinableiter. Beide Systeme werden über Schläuche mit dem Ventil verbunden.

Tipp

Silikonschläuche knicken nicht so scharf ab wie solche aus PVC. Sie nehmen nach dem Knicken auch wieder ihre ursprüngliche Form an. Schlauchverbindungen können sehr gut mit kleinen Kabelbindern gesichert werden. Die Kabelbinder sollten jedoch nicht abgeschnitten werden, weil sich dabei an den Enden scharfe Schnittkanten bilden.

Urinableiter für Damen

Für Frauen werden sogenannte Urinableiter angeboten. Wie bei Urinalkondomen für Herren sind auch hier Modelle aus Latex und latexfreie Modelle erhältlich. Derartige Urinableiter haben die Form eines Beutels mit einem am Rand angebrachten Klebestreifen. Damit der Streifen sicher hält und um eine schmerzhafte Entfernung des Urinableiters zu vermeiden, muss an den entsprechenden Stellen die Körperbehaarung entfernt werden. Das Anbringen des Urinableiters gestaltet sich allerdings sehr umständlich. Aufgrund der unpraktischen Handhabung und des zweifelhaften Dichtungserfolges bei einer sportlichen Betätigung wie dem Tauchen ist die Akzeptanz der Urinableiter bei Frauen sehr gering. Als einzige Möglichkeit bleibt hier die Windel oder aber das Legen eines Katheders.

Urinalkondome für Herren

Generell können die Kondome nach dem verwendeten Material unterschieden werden. Latexkondome sind sehr elastisch und von leicht gelblicher Farbe. Für Allergiker sind latexfreie Kondome erhältlich, die meist farblos sind. Es werden Kondome mit kurzer und langer Klebeschicht angeboten. Des Weiteren gibt es Typen mit kurzem, langem, hartem oder weichem Anschlussröhrchen. Inkontinenzkondome weisen im Gegensatz zu konventionellen Kondomen kein Reservoir auf. Stattdessen haben sie eine offene Spitze, die wie ein Röhrchen geformt ist. Daran wird der Schlauch zum Ventil angeschlossen.

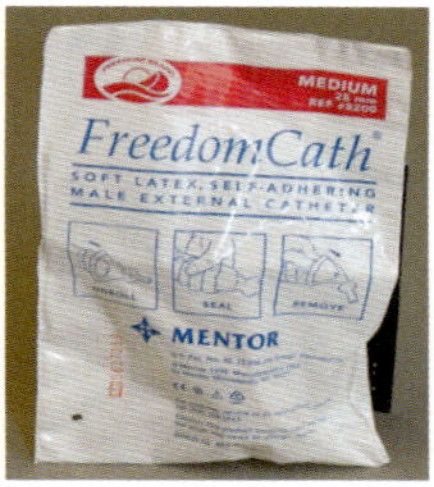

Urinalkondom für Herren

Tipp

Mit sogenanntem Hautkleber können Urinalkondome am Penis festgeklebt werden. Mit diesen Klebern ist aber sehr sparsam und vorsichtig umzugehen: Bei zu viel Klebstoff werden beim Entfernen des Klebstoffes auch Teile der Haut abgezogen.

Der erste Schritt zur richtigen Auswahl des Urinalkondoms ist die Vermessung des Penisdurchmessers in nichterigiertem Zustand. Dazu wird im Fachhandel eine Schablone angeboten, die über den Penis gestreift wird und mit der der Umfang ermittelt werden kann. Zu große Urinalkondome halten nicht dicht. Die beste Möglichkeit, die richtige Größe des Kondoms herauszufinden, besteht darin, verschiedene Größen zu probieren.

Vor dem Anlegen des Urinalkondoms muss das eventuell vorhandene Schamhaar am Penis gründlich entfernt werden. Danach wird der Penisschaft gereinigt. Nach dem Trocknen kann der Kleber sehr gut am Penis haften und nach Andrücken des Kondoms abdichten. Beim Abrollen des Kondoms ist darauf zu achten, dass sich keine Längsfalten am Penisschaft bilden, da diese zur Undichtigkeit führen können. Mit einem Doppelnippel wird nun das Kondom an den Schlauch angeschlossen, der mit dem Urinalventil verbunden ist. Wenn vom Ventil- oder Kondomhersteller kein Schlauch mitgeliefert wird, empfiehlt sich ein Schlauch aus der Medizintechnik.

Das Urinalkondom darf niemals mit Klebeband abgedichtet werden.

Ist erst einmal mit dem Harnlassen begonnen worden, kann dieser Vorgang in der Regel nicht mehr unterbrochen werden. Wurde durch ein zu eng sitzendes Klebeband die Harnröhre abgeschnürt, kommt zu einem schmerzhaften Harnrückstau. Es werden auch Kondome mit separaten Klebestreifen angeboten, die aber ebenfalls die Gefahr des Abbindens bergen. An der Wasseroberfläche wird der Fehler meist nicht erkannt, er kann aber im geschlossenen Trockentauchanzug bald zu einem echten Problem werden, das dann nicht mehr lösbar ist.

Außerdem zieht sich bei vielen Männern beim Bücken, etwa um die Flossen anzuziehen, der Penis etwas in die Bauchhöhle zurück, sodass das Kondom abrutscht. Für solche Fälle werden »Anti-Reflux« angeboten, deren Klebestreifen sehr lang ist. Am Kondom ist außerdem eine Anlegehilfe angebracht, damit man nicht unbeabsichtigt mit dem Kleber in Berührung kommt. Eine weitere Variation bei den Kondomen sind Rücklaufventile oberhalb der Eichel. Dieses System kann aber durch das gelegentliche Komprimieren des Trockentauchanzugs zu Schmerzen führen.

Tipp

Es empfiehlt sich, das jeweils verwendete Urinableitungssystem noch vor dem Tauchgang zu testen. Dazu ist der Umkleideplatz natürlich nicht geeignet. Es ist selbstverständlich, dass gebrauchte Urinalvorrichtungen nach dem Tauchen in geeigneter Form entsorgt werden.

Taschen am Trockentauchanzug

Einhergehend mit der Verbreitung des »technischen« Tauchens (Tec-Diving) haben sich Wing-Jackets als Tariersysteme auch im Bereich des Sporttauchens durchgesetzt. Diese seitlich vom Rücken des Tauchers angebrachten Auftriebskörper sind mit speziellen Flaschen-Trage- und Gurtvorrichtungen (engl. »harness«) und Rückentragschalen (engl. »backplates«) aus Edelstahl, seewasserfestem Aluminium oder Kunststoff ausgestattet.
Solche Tariersysteme können in den meisten Fällen dank eines modularen Aufbaus an die Bedürfnisse eines technischen Tauchers angepasst werden. Aufgrund der vorteilhaften Führung der Auftriebskörper bieten sie sich aber auch für ambitionierte Sporttaucher an.
Je nach Ausrüstungskonfiguration und Einsatzzweck sind an der Tariereinheit befestigte Taschen allerdings eher hinderlich als praktisch. Da in der Regel darauf aber nicht verzichtet werden kann, bietet sich der Trockentauchanzug für die Montage von zusätzlichen Taschen an. Solche Taschen können direkt ab Werk bestellt oder aber nachträglich aufgeklebt werden. Die bereits bei der Bestellung des Anzugs georderten Taschen können im Gegensatz zu den nachrüstbaren Varianten nicht nur am Trockentauchanzug festgeklebt, sondern auch noch angenäht werden. Auf diese Weise sind die Taschen auf jeden Fall verlustsicher angebracht.

Vom Hersteller als Sonderausstattung mitgelieferte, nach Farbe und Material passende und verlustsicher befestigte Tasche

Viele Taucher bevorzugen seitlich am Tauchanzug befestigte Taschen.

Verschiedene Positionen

Grundsätzlich lassen sich kleine Taschen an allen Stellen des Trockentauchanzugs anbringen, die vom Taucher erreicht werden können und die Funktion des Reißverschlusses nicht behindern. Als ideale Stellen bieten sich jedoch die Oberschenkel des Trockentauchanzugs an.

Beim technischen Tauchen behindern an den Seiten des Anzugs positionierte Taschen den Taucher beim Tragen der seitlich befestigten Zusatzflaschen. Außerdem sind die Taschen dann praktisch nicht mehr zu erreichen. Andere Taucher bevorzugen gerade die seitliche Position, weil sie dadurch eine flachere Silhouette erzielen. Das hat Vorteile, wenn man flache Durchbrüche durchtauchen möchte, zum Beispiel in Wracks oder Höhlen. Alles, was über den Grund schleift, kann dabei nicht nur unbemerkt hängen bleiben, sondern unter Umständen auch Bodensedimente aufwirbeln.

Eine weitere gute Position für zusätzliche Taschen sind die Arme des Trockentauchanzugs. In solch kleinere Taschen können etwa Vorsatzlinsen für Unterwasserkameras untergebracht werden. Einige Hersteller bieten Taschen an, die mit einer Klettverbindung versehen sind und sich somit nach Bedarf ohne Werkzeug anbringen und wieder abnehmen lassen.

Kleine Öffnungen in den Anzugtaschen sorgen dafür, dass beim Verlassen des Tauchgewässers das Wasser aus den Taschen ablaufen kann.

Unterschiedliche Taschentypen

Bei einigen Taschen lässt sich das Volumen verändern. Das kann durch seitlich an der Tasche angebrachte Gummibänder, Reißverschlüsse oder Fastexschnallen geschehen. Wichtig ist, dass sich alle Zusatztaschen sicher verschließen lassen. Denn was auch immer darin verstaut wird, ein Verlust kann nicht nur teuer, sondern sogar gefährlich werden – etwa wenn plötzlich eine Ersatzmaske oder ein Ersatzhandschuh fehlt.
Für die Sicherung des Tascheninhalts bieten sich Reißverschlüsse an. Allerdings sollten diese auch mit dicken Trockentauchhandschuhen betätigt werden können. Zur Vergrößerung der greifbaren Fläche am Schieber kann zum Beispiel eine Schlaufe angebracht werden.
Eine andere Verschlussmöglichkeit ist der Klettverschluss. Dazu muss die Verschlussklappe der Tasche allerdings so lang sein, dass sie zum Aufreißen und Schließen leicht gegriffen werden kann. Der Klettstreifen sollte so breit sein, dass sich die Taschen nicht bei jeder unabsichtlichen Berührung von selbst öffnen.
Fastexschnallen eignen sich weniger als Verschluss, weil sie meist recht klein sind. Bei Tropentrockentauchanzügen, die ohne Handschuhe getragen werden, stellt das sicher kein Problem dar. Mit dicken Handschuhen oder gar Dreifingerfäustlingen, wie sie etwa beim Eistauchen zum Einsatz kommen, können kleine Fastexschnallen jedoch nur schlecht gehandhabt werden.
Alle Taschen müssen eine Vorrichtung aufweisen, die es dem Taucher ermöglicht, den Tascheninhalt zu sichern. Diese Befestigungsvorrichtung sollte in der Tasche möglichst weit oben sitzen, weil ein Trockentauchhandschuh mit Ringsystem in aller Regel nicht durch die Öffnung einer Tasche passt. Ein fest eingenähter Plastikring oder Karabinerhaken ist dafür ungeeignet.
Die bessere Lösung ist ein an seiner flachen Seite offener D-Ring aus Edelstahl, der in einer Schlaufe in der Anzugtasche eingefädelt ist. Dieser kann bei Bedarf problemlos aus der Schlaufe herausgedreht werden. Alternativ kann an einer solchen Schlaufe auch ein dehnbares Band eingefädelt und daran die zusätzliche Ausrüstung befestigt werden.

Tipp

Die Reißverschlüsse an den zusätzlichen Taschen müssen ebenfalls gepflegt werden. Wachsen ist auch hier die beste Maßnahme, um die Funktion zu erhalten. Klettverschlüsse lassen sich vorsichtig mit einer Drahtbürste von Gras und Haaren reinigen.

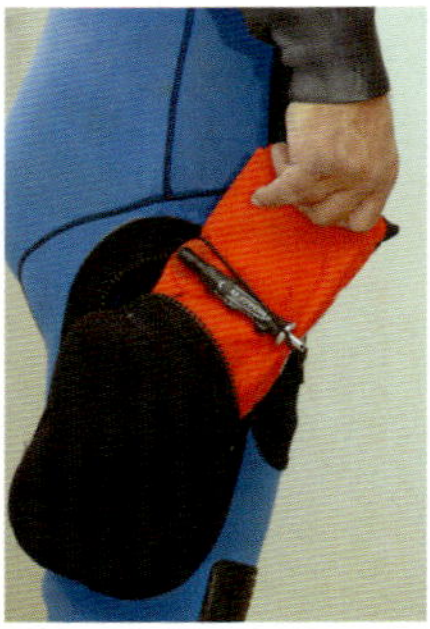

Eine Boje zum Markieren von Standorten ist auch für den Sporttaucher sinnvoll.

Nicht immer ist es sinnvoll, so viele Taschen wie möglich am Tauchanzug mitzuführen. Für den Sporttaucher reicht in der Regel schon eine Tasche aus. Bei Linkshändern sollte diese aber auf jeden Fall auf der linken Seite abgebracht sein.

Mit Überlegung packen

Der Inhalt der Taschen sollte dem Tauchgang angepasst sein. Die Packliste der Anzugtasche eines Sporttauchers könnte ein Paar Nasstauchhandschuhe beinhalten, wenn mit einem Handschuh-Ringsystem getaucht wird. Auch eine kleine Seilrolle, ein kleiner Hebesack oder eine Boje, um Standorte zu markieren, passen in solche Taschen. Ein Schreibset, bestehend aus einem Heft mit wasserfestem Papier und einem Bleistift, um sich mit dem Tauchpartner auszutauschen oder um Kompasskoordinaten zu notieren, sind ebenfalls geeignet. Für technische Taucher könnte die Packliste noch um eine Reserve-Tauchmaske und Werkzeug erweitert werden. Dazu können je nach Tauchvorhaben noch Ersatzlampen, Richtungspfeile, Ersatz-Dekompressionstabellen und zusätzliche Tiefenmesser oder auch Getränkebeutel verstaut werden. Die Taschen sollten allerdings nicht überladen werden.

Gewichtssysteme

Die nach wie vor meistgenutzte Art, um Bleigewichte an der Tauchausrüstung zu befestigen, ist der klassische Bleigurt. Dieser 50 mm breite und ca. 1,5 m lange Gürtel kann individuell gekürzt werden. Er schrumpft und dehnt sich nicht im Wasser und wird mit einer Schnalle aus rostfreiem Metall oder Kunststoff befestigt. Bleigurtverschlüsse, die keine Schnellabwurfvorrichtung aufweisen, sich also nicht mit einer Hand und einem Handgriff öffnen lassen, sollten nicht verwendet werden.

Tipp

Bei Hosenträgerbleigurten mit Taschen lassen sich durch in Säckchen eingenähtes oder eingeschweißtes Schrotblei Druckstellen vermeiden. Hosenträgerbleigurte schonen den Rücken- und Lendenbereich.

Hosenträgerbleigurte

Eine Weiterentwicklung des klassischen Bleigurts sind Hosenträgerbleigurte. Dafür wird ein Gurt aus breiterem Material als bei den klassischen Ausführungen verarbeitet. Teilweise sind Hosenträgerbleigurte gepolstert. Sie verteilen aufgrund der größeren Auflagefläche der Gurte das Gewicht besser auf dem Körper des

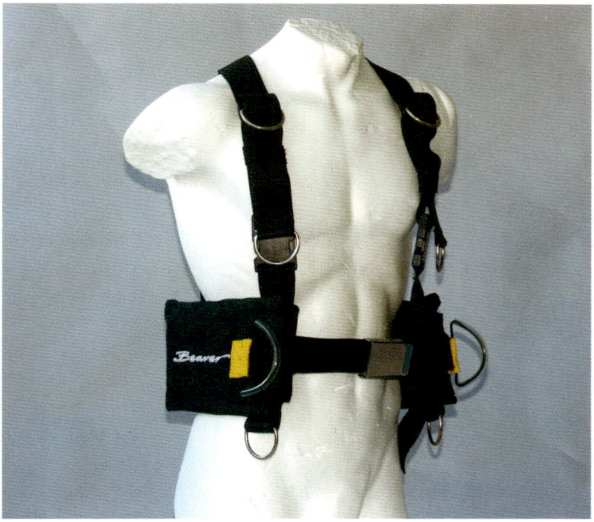

Der Hosenträgerbleigurt bietet hohen Tragekomfort.

Tauchers. So können Druckstellen weitgehend vermieden werden. Hosenträgerbleigurte verlaufen über die Schultern und kreuzen sich auf dem Rücken. Vorne laufen sie gerade. Sie kön-

Merke

1. Das Blei wird bei Hosenträgerbleigurten meistens in separaten Taschen untergebracht, die mit einem Klettverschluss verschlossen werden. Wichtig ist bei allen Hosenträgerbleisystemen, dass sie mit jeder Art von Ausrüstung in Notfällen schnell und problemlos erreichbar sind und die Gewichte im Bedarfsfall sofort abgeworfen werden können.

2. Beim Trockentauchen muss jedoch auch darauf geachtet werden, dass der Taucher die Ein- und Auslassventile seines Anzugs jederzeit unmittelbar erreichen kann. Sollten in dieser Hinsicht Unsicherheiten bestehen, muss der Anzug zum Kauf eines solchen Bleitragesystems mitgenommen und gegebenenfalls anprobiert und das Gurtsystem angelegt werden.

3. Nur wenn alle genannten Voraussetzungen erfüllt sind, darf das Gurtsystem zum Einsatz kommen.

Merke

1. Blei wird für den Taucher in unterschiedlichen Variationen angeboten, etwa als Schrotblei oder Softblei (sehr feine Bleiperlen). Wichtig ist, dass sich in oder an der ausgewählten Tragevorrichtung die benötigte Bleimenge auch unterbringen lässt.

2. Wenn die vorhandene Tragevorrichtung, etwa integriert in der Tariereinheit, das beim Trockentauchen nötige erhöhte Bleivolumen nicht mehr aufnehmen kann, ist der zusätzlich verwendete klassische Bleigurt eine gute Alternative.

nen je nach Hersteller mit Fastex- oder anderen Schnallen befestigt und verstellt werden. Bei komfortablen Hosenträgergurten sind die Rücken- und Schulterpartien der Gurte aus besonders breitem und gepolstertem Material gefertigt, damit die Gewichte keine Druckstellen verursachen.

Systeme ohne Schnellabwurfvorrichtung

Jackets mit integrierten Bleiabwurfsystemen setzen sich am Markt immer mehr durch. Sie vereinigen den Komfort des Hosenträgerbleigurts mit der Tariereigenschaft des Jackets. Die Handhabung ist ähnlich; das Blei wird dabei ebenfalls in eingearbeitete Taschen des Jackets rechts und links am Körper des Tauchers eingeschoben. Im Notfall wird auch hier an speziellen Schlaufen oder Griffen gezogen, um das Blei abzuwerfen. Beim technischen Tauchen mit »backplates« und Rücken-Auftriebskörpern wird für das Blei keine Abwurfvorrichtung angebracht. Das Blei wird in mehr oder weniger große Blöcke gegossen und zwischen den Doppelflaschen oder auf der Rückentrageplatte eingebaut. Die Möglichkeit des Schnellabwurfs ist hier nicht gefordert.

Tipp

Fußblei kann dann vermieden werden, wenn die Beinform des Anzugs und die Passform des Füßlings wenig Platz für überflüssiges Tariergas lässt. Dadurch nämlich würde der Fuß unnötig Auftrieb erfahren. Eine Alternative für den Fall, dass die Passform weiter ist, sind Gamaschen, die über dem Anzug am Unterschenkel getragen werden.

Fußblei

Speziell für Trockentaucher werden Fußbleigewichte angeboten. Dabei handelt es sich um Bleigewichte zwischen 250 und 1000 g. Diese Gewichte werden als Schrotblei oder massiv angeboten. Sie werden entweder mit Gurten oder Klettverschlüssen über dem Knöchel angebracht. Diese Verschlüsse weisen in der Regel keine Möglichkeit zum schnellen Abwurf auf.
Die Benutzung von Fußblei ist sehr umstritten. Bei langen Tauch-

gängen ohne große Schwimmbewegungen oder bei langen Scooter-Fahrten kann sich der Taucher mit den Fußgewichten in gewissem Maß überbleien, um somit mehr Tariergas in den Trockentauchanzug leiten zu können. Das führt zu einer besseren Isolation, und der Taucher friert nicht so leicht.
Aktiv schwimmende Taucher werden mit Fußblei aber wesentlich schneller ermüden. Das wiederum ist der Tauchsicherheit nicht zuträglich. Jeder Taucher muss daher nach Art des geplanten Tauchgangs abschätzen, ob und wie sinnvoll der Einsatz von Fußblei für ihn ist.

Fußblei in Form von Knöchelblei (oben) und Gamaschen (unten)

Flossen

Je robuster und stabiler – und somit voluminöser – die Füßlinge des Trockentauchanzugs sind, desto größer ist die Wahrscheinlichkeit, dass die mit normalen Füßlingen verwendeten Tauchflossen nicht mehr passen. Zur Anprobe des Trockentauchanzugs sollten daher auch die bis dahin benutzten Flossen mitgebracht werden. Prinzipiell bieten sich Flossen des gleichen Modells an, das schon zum Nasstauchen verwendet wird. Der Vorteil dabei ist, dass der Taucher schon an Materialbeschaffenheit und Flossenblatthärte gewöhnt ist.

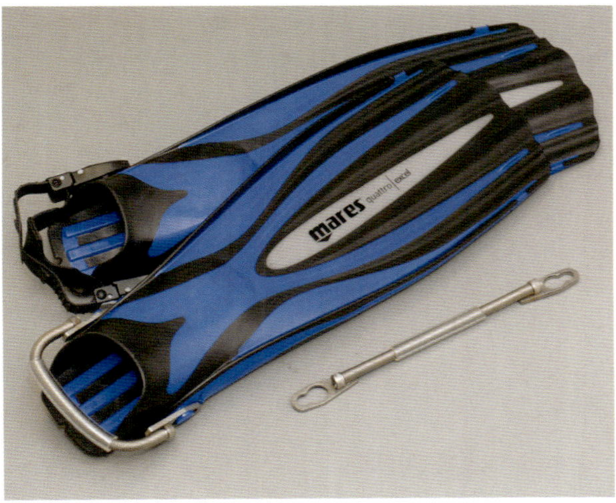

Flossen des gleichen Typs wie beim Nasstauchen vermeiden Gewöhnungsprobleme.

Tipp

Flossenbänder aus Gummi lassen sich durch Edelstahlfedern, sogenannte »spring heels« oder »spring straps« (engl. Federbänder) ersetzen. Dazu werden die D-Ringverschlüsse der Gummiflossen demontiert und durch die an den Federn befestigten Edelstahlklammern ersetzt. Innerhalb der Feder verläuft ein Nylonfaden, der eine Überdehnung der Feder verhindert. Diese Federn verleihen der Flosse noch mehr Gewicht, sind mit einer Hand zu bedienen und reißen nicht mehr. Die Edelstahlfedern sind, mit entsprechend geänderten Befestigungen, auch für fast alle gängigen modernen Flossen erhältlich.

Schuhe und Flossen müssen zusammenpassen

Ab einer bestimmten Schuhgröße müssen viele Hersteller vor allem bei modernen Flossentypen jedoch passen, so dass man sich nach einer Alternative umsehen muss. Einige Ausrüster bieten verstärkt wieder alte Flossentypen an, die auch in sehr großen Größen verfügbar sind. Meist sind diese Flossen durchgängig aus Gummi gearbeitet – mit allen Vorzügen und Nachteilen dieses Materials. Zu den Letzteren gehören leider auch die wegen ihrer Unhandlichkeit aus der Mode gekommenen Doppel-D-Ring-Verschlüsse. Bei diesem Verschluss wird das Fersenband nicht mit einem Kunststoffclip befestigt. Vielmehr muss das Gummiband in eine Metallschnalle an der Flosse eingefädelt werden, in der es eingeklemmt wird. Durch das scharfe Knicken des Fersenbandes mit fortwährenden Überdehnungen pflegt es genau an den Klemmstellen zu reißen. Das Wechseln eines Fersenbandes unter Wasser erweist sich in den meisten Fällen als äußerst schwierig.

Der Vorteil der Gummiflossen liegt in ihrer Flexibilität und guten Passform am Fuß.

Ein weiterer vermeintlicher Nachteil der Gummiflosse gereicht dieser beim Trockentauchen zum Vorteil: ihr größeres Gewicht. Beim Trockentauchen bemüht sich der Taucher, nicht allzu viel Tariergas in den Bein- und Fußbereich des Anzugs gelangen zu lassen, um eine unkontrollierbare Körperlage zu vermeiden. Die

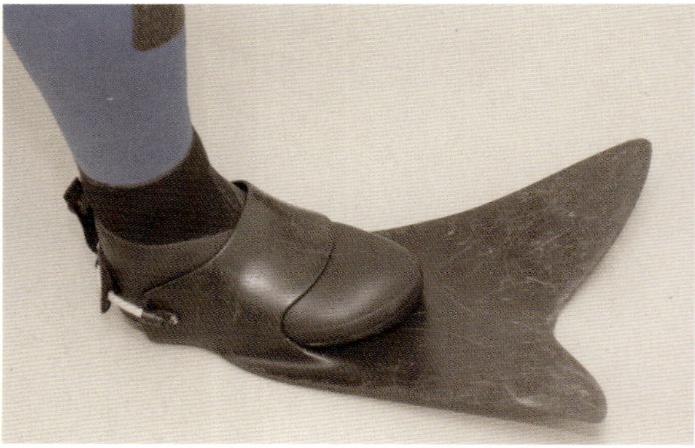

Vorn offene Flossen sind für nahezu alle Füßlinge geeignet.

ADV-Jacket mit gut gekennzeichnetem Bleiabwurfsystem

schwere Gummiflosse hilft dem Trockentaucher, die Füße zu senken. So kann auch auf Fußblei verzichtet werden.

Vorn offene Flossen

Ein Hersteller baut Tauchflossen mit einem vorne offenen Fußteil. Der Vorteil liegt in der guten Passform, denn die Länge des Flossenschuhteils stellt keine Größenbegrenzung dar. Um mit dieser Flosse zu tauchen, bedarf es jedoch eines anderen Schwimmstils, der etwas gewöhnungsbedürftig ist und unbedingt vor extremen Tauchgängen geübt werden muss.
Wichtig bei der Passform ist, dass der Fuß möglichst weit im Schuhteil der Flosse sitzt, damit die Belastung der Wadenmuskulatur gering gehalten wird. Der Fuß sollte möglichst fest sein, damit er sich nicht im Flossenfußteil ausdehnen kann.

Tariereinheiten

Zu enge Tariereinheiten können den Trockentaucher in seiner Bewegungsfreiheit erheblich einschränken. Trockentaucher mit langjähriger Erfahrung, die auch noch nasstauchen, schaffen sich oft ein Extra-Jacket für den Trockentauchanzug an. Das muss nämlich – je nach Hersteller – durchaus eine Nummer größer sein als die Version für den Nassanzug.
Zum Trockentauchen eignen sich jedoch die sogenannten ADV-Jackets am besten. Weil sie im Brustbereich eine Bänderung haben, kann der Taucher das Auslassventil einfacher und schneller erreichen, als wenn er über durchgehende Luftkammern greifen muss. Eine seltene Anzugvariante ist jene mit einer integrierten Tariereinheit. Der Vorteil liegt in der deutlich schlankeren Silhouette, wie sie Höhlentaucher bevorzugen. Auf diese Weise können keine abstehenden Teile irgendwo hängen bleiben.

Tipp

Zum leichteren Aufsetzen der Reservetauchmaske empfiehlt sich ein Maskenband aus Neopren, das mit einem Klettverschluss an der Maske befestigt wird und fest eingestellt werden kann. Ein verdrehtes Neoprenmaskenband ist mit dicken Handschuhen einfacher am Kopf zu positionieren als ein konventionelles, schmales Maskenband aus Silikon. Es werden auch Neoprenüberzüge für diese Maskenbänder angeboten, so dass sie in Verbindung mit dem originalen Befestigungsmechanismus der Maske eingesetzt werden können.

Tauchmasken

Passform ist entscheidend

Das wichtigste Auswahlkriterium für Tauchmasken ist ihre Passform. Das gilt für jede erdenkliche und erhältliche Form. Teilweise sind Masken jedoch mit optischen Gläsern bestückt. Geht eine Tauchmaske unter Wasser verloren oder wird sie zerstört, hat der Taucher so oder so ein Problem. Bei Tauchgängen im warmen oder flachen Wasser mögen sich die daraus ergebenden Schwierigkeiten bewältigen lassen. Bei längerer Tauchzeit bis zur Rückkehr an die Oberfläche oder in kaltem Wasser – also in Fällen, in denen Trockentauchanzüge bevorzugt zum Einsatz kommen – muss ein Taucher jedoch gleichwertigen Ersatz dabeihaben.
In den Taschen des Trockentauchanzugs kann eine Zweitmaske gut und sicher verstaut werden. Zum Verstauen muss sie jedoch, anders als in der Maskentransportbox, mehr oder weniger gefaltet werden. Deswegen empfehlen sich Masken ohne Rahmen oder Masken mit flachem Rahmen als Reservemaske. Keinesfalls sollten aber die Passform und die Dichtheit der Maske bei der Kaufentscheidung außer Acht gelassen werden.
Wird ein normaler Maskenkörper aus Silikon an den Dichtlippen flach zusammengelegt, bekommt er bei längerer Lagerung in

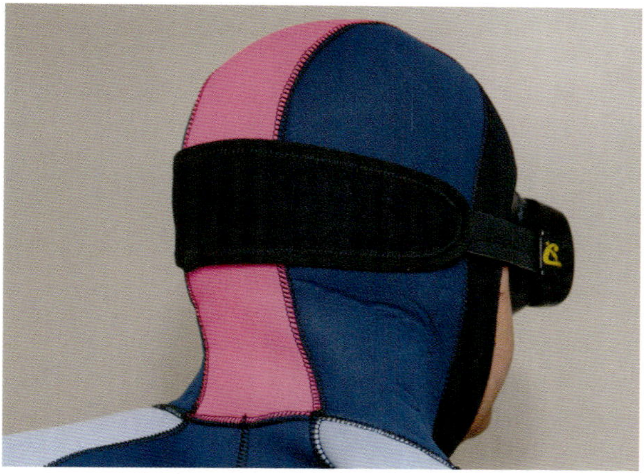

Ein Maskenband aus Neopren ist besonders gut geeignet.

dieser Position Knickstellen. Dort wird die Maske dann nicht mehr dicht sein. Des Weiteren reduziert der normale Maskenrahmen, der meistens aus hartem Kunststoff gefertigt ist, das zur Verfügung stehende Volumen der Taschen erheblich.

Tauchen mit der Vollgesichtsmaske

Die Vollgesichtsmaske stellt die ideale Ergänzung beim extremeren Trockentaucheinsatz dar. Sie wird deswegen gerne eingesetzt, weil durch sie der letzte von der Ausrüstung unbedeckte Teil des Körpers auch noch trocken gehalten wird. Zusätzlich lassen sich an eine Trockentauchmaske neben dem Atemregler auch noch Unterwasser-Kommunikationssysteme und eventuell ein anderes Atemgas anschließen.

Griffsichere Bänderung

Die Komponenten einer Vollgesichtsmaske bestehen in der Regel aus Materialien für das Gesichtsfeld, die auch für Allergiker unbedenklich sind: Graphit für Stabilität und Gewicht, Silikon für Stabilität und Komfort. Als Glasersatz dient Lexan oder Polycarbonat. Das Befestigungssystem einer Vollgesichtsmaske besteht aus mehreren Bändern oder einem Netzgewebe, das hinter dem Kopf zusammenläuft. Drei bis fünf Bänder sind häufig zu finden,

Tipp

Zum Erlernen der Techniken im sicheren Umgang mit der Vollgesichtsmaske wird ausdrücklich ein gesonderter Tauchkurs empfohlen.

Die Vollgesichtsmaske deckt auch noch die letzten ungeschützten Hautbereiche ab.

je nach Modell aber auch mehr: Mehr Bänder bedeuten einen besseren Sitz und eine leichtere Einstellbarkeit. Ein Netz gewährleistet einen sicheren, wasserdichten Sitz, und das auch dann, wenn man versehentlich gegen ein Hindernis stößt. Die Bänder oder Befestigungen der Vollgesichtsmaske müssen groß genug sein, damit sie der Trockentaucher auch mit Handschuhen leicht bedienen kann. Und natürlich müssen die Bänder lang genug sein, um die Maske auch über einer Kopfhaube tragen zu können.

Gesichtsfeld und Gläser

Das Gesichtsfeld sollte einen Blickwinkel von 180° ermöglichen. Der Glasersatz aus Lexan oder Polycarbonat verhindert das Verkratzen. Einige Masken mit Kunststoffvisier haben eine spezielle Beschichtung, die gegen Verkratzen schützt. Nicht alle Vollgesichtsmasken erlauben einen Einbau von korrigierten Gläsern. Es gibt jedoch einige Modelle, bei denen von einem Optiker in speziellen Rahmen Standardgläser eingesetzt werden können.
Die Dichtung der Maske sollte eine breite Oberfläche zum Abdichten aufweisen, um ein Eindringen von Wasser zu verhindern. Bei der Anprobe wird die Passform der Dichtung mit und ohne Kopfhaube getestet.

Eine breite Dichtfläche verhindert Wassereinbrüche.

Atemregler und ihr Einbau

Einige Vollgesichtsmasken werden bereits vom Hersteller mit einem Atemregler ausgestattet. Die meisten Vollgesichtsmasken erlauben jedoch den nachträglichen Einbau von verschiedenen Atemreglern. Allerdings ist nicht jeder Lungenautomat für die Verwendung mit einer Vollgesichtsmaske geeignet. Lassen Sie sich vom Fachhändler beraten. Wenn ein Atemregler selbst eingebaut wird, müssen die Herstelleranweisungen sowohl für den Regler als auch für die Vollgesichtsmaske beachtet werden.

Auswahl und Platzierung eines Atemreglers

Bei modernen Vollgesichtsmasken wird aus einer Luftkammer in der Maske geatmet und nicht direkt aus dem Mundstück des Lungenautomaten. Der Abstand zwischen dem Atemregler und den Lungen des Tauchers erzeugt einen größeren Druckunterschied, der abhängig ist von der Tiefe, in der sich der Taucher befindet. Eine Veränderung der Kopfhaltung kann eine Änderung in der Funktion des Atemreglers hervorrufen.
Bei den Zweiten Stufen ist Folgendes zu beachten:

- Eine einstellbare Zweite Stufe erlaubt dem Taucher die volle Kontrolle des Atemreglers unabhängig von der Tauchtiefe.

- Eine Zweite Stufe, die sich nicht einstellen lässt, wird am besten auf der rechten Seite der Vollgesichtsmaske befestigt. Dies mindert etwas die Wahrscheinlichkeit des Abblasens.
- Mit einem unempfindlichen Atemregler wird das Atmen schwerer fallen.
- Ein empfindlicher Atemregler wird eher dazu neigen abzublasen.
- Eine nicht richtig eingestellte Kopfbefestigung lässt Luft durch die Dichtung dringen. Dem Lungenautomaten wird dadurch eine Druckdifferenz angezeigt, und er beginnt abzublasen. Daraus entsteht oft der falsche Eindruck eines Problems mit dem Atemregler.

Druckausgleich mit der Vollgesichtsmaske

Da die Luft aus dem Atemregler erst in eine Luftkammer strömt, gleicht sich der Druck in der Maske selbstständig aus. Modernere Vollgesichtsmasken weisen einstellbare Nasenverschlüsse auf, um einen einfachen Druckausgleich zu gewährleisten.

Grundübungen mit der Vollgesichtsmaske

Vorbereiten und Einstellen der Vollgesichtsmaske

Zuerst werden alle Befestigungen gelockert. Die Maske wird vor das Gesicht gehalten und hierbei auf die Position des Druckausgleichsystems geachtet. Die Befestigungen werden dann in dieser Reihenfolge festgezogen: zunächst die mittleren Befestigungen, danach die oberen Befestigungen und zuletzt die unteren Befestigungen.

Atmen aus der Vollgesichtsmaske

Da kein Mundstück vorhanden ist, kann durch Mund oder Nase geatmet werden. Der Luftverbrauch ist durch diese natürlich Art der Atmung normalerweise geringer. Moderne Vollgesichtsmasken haben eine zweite Luftkammer, die das Ausstoßen der mit CO_2 angereicherten Luft erleichtert. Die zweite Kammer, die sog. orale Nasentasche), isoliert Nase und Mund zu einer kleinen Atemkammer und erlaubt das Einatmen von frischer Luft, ohne dass diese mit der verbrauchten vermischt wird. In diesem System dient der Atemregler nur zum Einatmen. Das Ausatmen geschieht durch ein Auslassventil unten an der Maske.

Die Vollgesichtsmaske erlaubt das Atmen durch die Nase.

Druckausgleich

Nicht bei allen Vollgesichtsmasken ist ein ausgeprägter Nasenerker wie an der Sporttauchmaske vorhanden. Um ein Valsava-Manöver zum Druckausgleich durchführen zu können, muss bei vielen Vollgesichtsmasken anders verfahren werden als bei der sonst üblichen Sporttauchmaske. Vor Tauchgängen mit der Vollgesichtmaske muss dieses Prozedere geübt und mit schlafwandlerischer Sicherheit beherrscht werden.

Bei Vollgesichtsmasken mit einem ausgeprägten Nasenerker wird die Nase gleichzeitig mit je einem Finger beider Hände zusammengepresst, um den Druckausgleich zu erzielen. Bei einigen Modellen werden Stopfen gegen die Nasenlöcher gedrückt. Sind die Stopfen richtig eingestellt, wird für den Druckausgleich der obere Teil der Vollgesichtsmaske einfach gegen die Stirn gedrückt und dadurch die Nase verschlossen. Der Druckausgleich wird dann durch leichtes Ausatmen durch die Nase erzeugt. Eine weitere Variante für den Druckausgleich sind Nasenklammern, mit der die Nasenflügel von außen zusammengedrückt werden können. Auch diese müssen vor dem Tauchgang richtig positioniert werden.

Tipp

Sollte eine Vollgesichtsmaske unter Wasser beschlagen, wird das Problem auf folgende Weise gelöst: Der Taucher lockert die Bebänderung und richtet die Maske neu aus. Danach werden die Bänder wieder festgezogen. Um das Beschlagen zu beseitigen, wird der Luftduschenknopf der Zweiten Stufe gedrückt. Gleichzeitig wird dabei eventuell eingetretenes Wasser ausgeblasen.

Beschlagen

Das Beschlagen der Maske entsteht durch den Niederschlag von feuchter Luft an der Innenseite der Maskenscheibe. Dazu kommt es, wenn die feuchtwarme Atemluft des Tauchers auf die durch das Wasser abgekühlte Scheibe trifft. Normalerweise wird eine Vollgesichtsmaske nicht beschlagen, weil die Ausatemluft des Tauchers nicht in die erste Kammer gelangt, sondern direkt nach außen geführt wird. Vom Atemregler gelangt dagegen kalte Luft in die Vollgesichtsmaske und wird entlang der Scheibe geführt. Das entspricht der Wirkung eines Gebläses für die Windschutzscheibe im Auto und hält das Glas der Maske automatisch frei. Die Vollgesichtsmaske beschlägt nur an der Oberfläche während des Anziehens und unter Wasser, wenn sie nicht richtig montiert wurde.

Entfernen und/oder Fluten der Vollgesichtsmaske

Vor dem Abnehmen oder Fluten der Vollgesichtsmaske wird zuallererst die alternative Luftversorgung lokalisiert und für die unmittelbare Verwendung gesichert. Jetzt kann die untere Bebänderung der Vollgesichtsmaske gelöst werden. Ohne auszuatmen und Blasen abzulassen, wird die Vollgesichtsmaske entfernt. Nun wird die gesicherte alternative Luftversorgung eingesetzt, ausgeblasen und dann normal damit weitergeatmet. Im Anschluss kann die Ersatzmaske aufgesetzt und ausgeblasen werden. In dieser kontrollierten Situation sollte ein Aufstieg mit normaler Aufstiegsgeschwindigkeit kein Problem darstellen.

Aufsetzen unter Wasser und Ausblasen der Vollgesichtsmaske

Beim Aufsetzen unter Wasser wird die Maske zunächst ausgerichtet. Dazu legt man die Daumen in den Kinnbereich, folgt dem Maskenrand und richtet die Maske nach unten aus. Nun wird der Daumen in der Maske am Maskenrand entlang bis zur unteren Bebänderung geführt. Die Maske wird an der Bebänderung gehalten und der Maskenrand dann losgelassen.

Jetzt kann der Taucher die Maske wie einen Hut aufsetzen. Sollte noch eine alternative Luftversorgung genutzt werden, ist diese vorher zu entfernen.

Nachdem die Maske ans Gesicht gepresst wurde, wird mit einem Druck auf den Luftduschenknopf das Wasser aus der Maske gedrückt. Während die Maske noch mit einer Hand gesichert wird, kann der Taucher mit der freien Hand die Maskenbänder ausrichten und befestigen, um die Maske optimal abzudichten. Gegebenenfalls ist das Ausblasen der Maske zu wiederholen.

Die Vollgesichtsmaske in der Praxis

Vorbereitung

Die Druckausgleichvorrichtung wird eingestellt und stellt sicher, dass die Verschlussstopfen direkt vor der Nase sitzen. Nachdem der Atemregler an die Pressluftflasche angeschlossen wurde, ist die Funktion durch Ein- und Ausatmen zu überprüfen. Mit Ausnahme der Flossen wird die Vollgesichtsmaske als letzter Ausrüstungsgegenstand angelegt. Bei Benutzung eines Trockentauchanzugs kann die Vollgesichtsmaske auch auf die Kopfhaube gesetzt werden.

Tipp

Beim beabsichtigten Fluten der Maske ist daran zu denken, dass sich im Mund kein Automat befindet.
Der Taucher schließt also den Mund und atmet nicht durch die Nase, solange der Wasserstand nicht entsprechend gefallen ist. Sollte die Maske länger abgesetzt werden, ist es komfortabler, in dieser Zeit die eigene alternative Luftversorgung zu nutzen.

Bei richtiger Bedienung beschlagen Vollgesichtsmasken nicht.

> **Tipp**
>
> Um bei längeren Wartezeiten an der Oberfläche Atemluft zu sparen, löst man die unteren beiden Bebänderungen, steckt ein oder zwei Finger zwischen Kinn und Maske und atmet Umgebungsluft. Hat die Maske einen ungenutzten Automaten- oder Kommunikationsanschluss, kann dieser entfernt und durch diese Öffnung geatmet werden.

Abstieg

Eventuell durch das Warten an der Oberfläche entstandener Beschlag verschwindet,sobald der Atemregler seine normale Funktion aufnimmt. Passiert dies nicht oder soll es schneller gehen, muss nur der Luftduschenknopf gedrückt werden.
Der Druckausgleich sollte früh und oft durch Drücken der Maske gegen die Stirn und leichtes Ausatmen durch die Nase hergestellt werden. Die Stopfen müssen hierbei die Nase verschließen.
Findet der Abstieg mit dem Kopf voran statt, ist es eventuell notwendig, den Atemregler nachzustellen, um ein Abblasen zu verhindern. Wird ein Atemregler ohne Einstellmöglichkeit genutzt, ist es günstiger, mit den Füßen voran abzusteigen, damit ein Abblasen vermieden wird. Während des Abstieges muss der Atemregler evtl. entsprechend der Tiefe justiert werden.

Nach dem Tauchgang

Bei rauer Wasseroberfläche sollte der Taucher nach dem Tauchgang die Vollgesichtsmaske auflassen. Bei ruhiger Wasseroberfläche sollten die unteren Bebänderungen gelöst und die Maske abgesetzt werden. Muss eine Strecke an der Oberfläche zurückgelegt werden, kann die normale Maske in Verbindung mit einem Schnorchel benutzt werden.
Der Atemregler der Vollgesichtsmaske sollte nach dem Tauchgang vom Tauchgerät getrennt werden. Danach werden Maske und Zweite Stufe des Atemreglers unter fließendem Süßwasser ausgespült. Weder der Atemregler noch die Vollgesichtsmaske sollte über längere Zeit in der Sonne liegen. Nach dem Gebrauch wird diese in der entsprechenden Tasche oder Maskenbox aufbewahrt, um die Scheibe vor Verkratzen zu schützen.

Wartung der Vollgesichtsmaske

Wartungsintervalle sind wie vom Hersteller empfohlen einzuhalten, grundsätzlich empfiehlt sich jedoch, eine jährliche Revision bei einer autorisierten Werkstatt durchführen zu lassen.
Nach jedem Tauchen wird die Maske wie folgt gepflegt:

- Gründliches und vorsichtiges Reinigen der Maske von innen und außen.
- Gründliches und vorsichtiges Reinigen des Automaten.
- Überprüfung der Dichtung auf Risse, Löscher oder andere Beschädigungen.

Problemlösungen

1. Eindringen von Wasser in die Maske während des Tauchens: Leichter Wassereinbruch kann entstehen, wenn die Maskenbänder zu locker eingestellt sind. Korrigiert wird dies, indem die Maske ans Gesicht gedrückt und dann die Bebänderung entsprechend nachgestellt wird.

2. Stärkeres Eindringen: Diese Erscheinung zeigt ein größeres Problem an. Entweder die Abdichtung der Vollgesichtsmaske ist defekt oder die Befestigung des Atemreglers oder anderer montierter Teile ist fehlerhaft. Wenn notwendig, muss die Vollgesichtsmaske abgenommen und die Ersatzmaske aufgesetzt werden. Mit der alternativen Luftversorgung wird der Tauchgang dann beendet.

3. Während des Aufstiegs strömt Luft aus der Vollgesichtsmaske: Wegen des abnehmenden Umgebungsdrucks beim Auftauchen dehnt sich die Luft aus und die überschüssige Luft in der Vollgesichtsmaske wird automatisch an den Dichtungen vorbei herausgepresst. Die entweichende Luft ist normalerweise kein Problem, da sie gleichzeitig das Eindringen von Wasser unmöglich macht. Tieferes, gleichmäßig ruhiges Atmen während des Aufstieges hält die Maske auf einem angenehmen Volumen. Das Hyperventilieren durch eine hektische, zu hohe Atemfrequenz muss vermieden werden.

- Prüfung der O-Ring-Dichtungen, Schläuche und Plastikteile auf Unregelmäßigkeiten und Probleme.
- Desinfektion des Maskeninneren, wenn die Maske von mehreren Personen benutzt wird.
- Die Maske wird an einem trockenen kühlen Platz und nicht in direktem Sonnenlicht gelagert.
- Die Vollgesichtsmaske soll immer in entsprechenden Taschen aufbewahrt werden, um Beschädigungen zu vermeiden.

Heizsysteme

Wenn die Grundisolation im Trockentauchanzug nicht mehr ausreicht oder Tauchgänge länger als 100 Minuten geplant werden, ist eine zusätzliche Wärmequelle angeraten. Natürlich kann aber jedes geeignete Heizsystem auch für kurze Tauchgänge eingesetzt werden.

Merke

Zu Beginn des Tauchgangs ist der Körper des Tauchers noch warm, eher überhitzt durch den Transport der kompletten Ausrüstung ins Wasser. Zu diesem Zeitpunkt wäre eine zusätzliche Aufheizung des Tauchers denkbar ungeeignet. Da man erst nach einer gewissen Tauchzeit, abhängig von der Grundisolation und dem benutzten Isolationsgas, zu frieren beginnt, ist es sinnvoll, auch erst dann mit dem Heizen zu beginnen. Somit scheiden alle Heizsysteme aus, die von Beginn des Tauchgangs an den Trockentauchanzug aufheizen und sich nicht regulieren lassen, wie Wärmflaschen und Heizkissen.

Elektrisches Heizsystem

Dem Berufstaucher steht eine von der Oberfläche gespeiste Warmwasserheizung zur Verfügung. Für den Sporttaucher kommt derzeit allein eine elektrische Heizung in Frage. Angeboten werden Heizsysteme für die Hände, die Füße, den Torso allein oder den gesamten Körper mit Ausnahme des Kopfes. Das komplette Trockentauchanzug-Heizsystem besteht aus einem eintei-

1

2

ligen Unterzieher, einem Paar Handschuhe (1) und einem Paar Strümpfe (2). Daneben umfasst dieses System eine wasserdichte Anzugdurchführung, ein Verbindungskabel und ein wasserdichtes Akkupack mit dem dazugehörigen Ladegerät.
Der Unterzieher besteht aus pflegeleichtem Polyamid mit Fleece-Innenfutter. Die Socken sind aus einem Wolle-Kunstfaser-Mischgewebe und die Handschuhe aus einem Fleece-Stoff. Alle Komponenten sind handwaschbar. Sie sollten nicht in der Waschmaschine gewaschen und auch nicht geschleudert werden.

Verteilte Heizleistung

Der Akku des Systems hat eine ausreichende Leistung, um in der kleinsten Stufe den Anzug 4 bis 4 1/2 Stunden zu beheizen. Bei Volllast beträgt die Heizzeit 1 1/2 Stunden. Das System ist mit einer leistungsfähigen Elektronik ausgestattet. Verbrennungen sind damit ausgeschlossen.
Die mit Silikon ummantelten Heizdrähte sind von innen auf den Unterzieher genäht. Die Heizleistung verteilt sich etwa zur Hälfte auf Bauch und Rücken und zu je einem Viertel auf einen Arm und ein Bein des Unterziehers. Um die Handhabung nicht zu beeinflussen, sind bei den Handschuhen die Heizdrähte nur auf dem Handrücken und der Oberseite der Finger angebracht. Bei den Socken verläuft der Heizfaden durch die Sohlen, über den oberen Fußbereich und über das Fußgelenk.
Um die Heizdrähte mit Energie zu versorgen, wird eine Kabeldurchführung durch den Trockentauchanzug benötigt. Bei dem beschriebenen Komplettsystem ist die Durchführung gleichzeitig Heizregler mit wasserdichter Steckverbindung und elektronischem Tiefentladungs- und Kurzschlussschutz.

Merke

1. Eine sehr hohe Leistungsdichte besitzen NiMH-Akkus (Nickel-Metallhydrid), gefolgt von NC (Nickel-Cadmium)-Akkus und zuletzt dem Blei- Gel-Akku. Bei gleicher Baugröße ist bei einem Nickel-Metallhydrid Akku eine enorme Steigerung der Gebrauchszeit gegenüber dem Blei-Gel-Akku zu erwarten.
2. Bei gleicher Kapazität der Akkus hat die NiMH-Zelle wesentlich kleinere Abmessungen, so dass die Unterwassergehäuse auch auf Dimensionen schrumpfen, die einen Transport unter Wasser besser ermöglichen.

Heizregler eines akkugespeisten elektrischen Heizsystems

Die einzelnen Komponenten werden in zwei Heizkreise aufgeteilt. Über den Heizregler lassen sich die zwei Heizkreise Hände/Füße und Körper in fünf Stufen bequem während des Tauchgangs einstellen. Der kombinierte Heizregler weist zudem einen ergonomisch geformten Schaltring auf, der sich auch mit dicken Handschuhen gut bedienen lässt.

Argonsysteme

Tauchgänge mit einem Trockentauchanzug sollten bei einer gut durchdachten Wärmeisolation mindestens 90 Minuten dauern können, ohne dass der Taucher zu frieren beginnt. Bei der Benutzung eines Urinalventils ist auch der nach ungefähr 40 bis 60 Minuten einsetzende Harndrang kein Grund mehr, den Tauchgang vorzeitig abzubrechen. Durch veränderte Isolationsstrategien können aber noch längere Tauchgänge in kalten Gewässern geplant werden. Eine der wichtigsten Veränderungen im Wärmehaushalt beim Trockentauchen ist das Umstellen von Luft auf Argon als Isolationsgas im Trockentauchanzug.

Tipp

Handschuhe, Socken oder der Unterzieher sind auch einzeln erhältlich. Das macht den Einstieg in das Heizsystem kostengünstiger.
Im Fachhandel sind zudem Heizsysteme erhältlich, bei denen nur der Torso mit einer Weste oder der Nierenbereich beheizt wird. Auch hier sitzt der Akkutank außerhalb des Trockentauchanzuges und lässt sich bei Bedarf ein- und ausschalten.
Wer die in diesem Kapitel genannten Heizsysteme verwenden will, sollte sich mit einem dafür autorisierten Fachhändler in Verbindung setzen und sich für den speziellen Einsatz der Heizung schulen lassen.

Tipp

Ausdrücklich gewarnt sei vor selbst gebauten beheizbaren Unterziehern nach Bauanleitungen aus dem Internet. Von Heizungen in Trockentauchanzügen verursachte Verbrennungen der Haut werden aufgrund der kalten Umgebung erst sehr spät wahrgenommen. Meist ist es bei einem langen, tiefen Tauchgang, bei dem die Heizung eingesetzt wird, nicht möglich, einen Fehler im Trockentauchanzug abzustellen, so dass es zu Verbrennungen der Haut kommt. Schmilzt dann noch der Kunststoffunterzieher und verbindet sich mit der verbrannten Haut, drohen schwere Verletzungen.

Akkuheizsystem
für den Nierenbereich

Argon isoliert besser als Luft

Die Wärmeleitfähigkeit von Stoffen wird in Lambda angegeben, je höher der Zahlenwert, desto besser die Wärmeleitung. Kupfer ist ein sehr guter Wärmeleiter und hat eine Wärmeleitwert von 380 Lambda. Luft hat einen Wärmeleitwert von 0,024 Lambda und Argon hat einen solchen von 0,016 Lambda. Somit leitet Luft die Wärme 1,5-mal besser als Argon. Der Umkehrschluss für Taucher heißt folglich: Argon leitet Wärme 1,5-mal schlechter als Luft oder Argon isoliert 1,5-mal besser als Luft oder 23.750-mal besser als Kupfer.
Bei aller Euphorie über den besseren Isolationswert von Argon soll an dieser Stelle aber nicht verschwiegen werden, dass Argon auch über die Haut aufgenommen wird. Da die Haut atmungsaktiv ist, verändern sich bei einer Benutzung von Argon als Isolationsgas auch die Gasverhältnisse im Körper. Allerdings ist die Atmung über die Haut sehr gering, sie beträgt nur etwa 1 % der Lungen- Atemleistung.

Flaschenkennzeichnungen

Bei der alten Kennzeichnung für Argonspeicherflaschen war die Flaschenfarbe dunkelgrün. Da diese Gasdruckbehälter eine TÜV-Frist von zehn Jahren haben, sind sie noch immer im Umlauf.
Bei der neuen Kennzeichnung ist der obere Flaschenhals schwarz, der Rest der Flasche dunkelgrün. Auf dem schwarz gekennzeichneten Hals ist ein weißes »N« angebracht.
Bei technischem Sauerstoff ist nach alter Norm die Flasche blau, nach neuer Norm ist der Hals weiß und mit einem schwarzen »N« versehen. Der Rest der Flasche ist blau.
Medizinischer Sauerstoff ist nach alter Norm mit einem weißen Hals und sonst blau gekennzeichnet. Nach neuer Norm ist die gesamte Flaschenfarbe weiß und am Hals ist ein schwarzes »N« angebracht.
An den GGVS-Aufklebern (Gefahrgutverordnung Straße – GGVS) am Flaschenhals ist abzulesen, um welches Gas es sich handelt. Außerdem findet man dort den Gefahrenzettel, Risiko- und Sicherheitssätze sowie die Zusammensetzung des Gases oder Gasgemisches, dazu die EWG-Nummer bei Einzelstoffen oder das Wort »Gasgemisch«, die vollständige Gasbenennung nach GGVS und den Herstellerhinweis mit Name, Anschrift und Telefonnummer des Herstellers.

Merke

1. Argon ist ein Edelgas, das in der Industrie zum Schweißen eingesetzt wird. Argon ist nicht giftig, führt jedoch in sehr hohen Konzentrationen mangels Sauerstoff zum Ersticken. Das Gas ist nicht brandbeschleunigend und nicht explosiv.

2. Alle Druckbehälter für Edelgase – dazu gehört Argon – weisen gemäß DIN 477/T1 den gleichen Flaschenanschluss auf, nämlich W 21,8 x 1 1/4 (1 1/4"). Beim Überströmen könnten also auch nicht erwünschte Gase fließen. Sauerstoffflaschen haben nach DIN 477/T6 mit dem Gewindeanschluss G3/4" einen besonderen Stutzen und können nicht mit solchen für Edelgasen vertauscht werden.

3. Argonflaschen müssen, wenn sie zum Tauchen benutzt werden, vom TÜV als Tauchgerät gestempelt werden und unterliegen den gleichen TÜV-Fristen wie Druckluftflaschen. Generell sollten die Kennzeichnungen der einzelnen Gasflaschen lesbar sein und Kürzel vom Anwender richtig gedeutet werden können.

4. Fast immer wird empfohlen, nur reines Argon zu verwenden. Die Reinheit der Edelgase wird verschlüsselt auf dem Gefahrgutaufkleber angegeben. Ist auf einem Druckbehälter mit Argon der Zahlencode 4.6 angegeben, so entspricht das einer Reinheit von 99,996 %. Die Zahl vor dem Punkt (im genannten Beispiel also die 4) gibt an, wie oft die Ziffer 9 in der prozentualen Angabe der Reinheit verwendet wird. Die ersten beiden Neunen stehen dabei immer vor dem Komma. Hinter dem Komma stehen die restlichen Neunen (im Beispiel ergibt sich folglich die Zahl 99,99). Die Zahl im Code hinter dem Punkt (die 6 im Fallbeispiel) schließt die prozentuale Angabe ab (99,996 %). Eigentlich gibt sie den Grad der Verunreinigung des Edelgases an. Über die Art der Verunreinigung können die Hersteller Auskunft geben.

5. Medizinischer Sauerstoff mit dem Code 2.5 ist demnach zu 99,5 Prozent reiner Sauerstoff. Technischer Sauerstoff mit der Kennzeichnung 5.0 – also mit einer Reinheit von 99,999 Prozent – wäre gegenüber medizinischem Sauerstoff demnach noch besser geeignet, wenn eine hohe Reinheit gefordert ist.

Handhabung in der Praxis

Eine Argonflasche mit einem Volumen von vier Litern und mit einem Fülldruck von 200 Bar reicht je nach Tauchprofil etwa für vier Tauchgänge. Zur Entnahme von Argon unter Wasser wird ein

spezieller Druckminderer benötigt. Dieser muss mit dem verwendeten Ventil kompatibel sein. Des Weiteren sollte er tiefenkompensiert sein, das heißt der Druckminderer soll in jeder Wassertiefe den gleichen Gasdruck liefern. Außerdem soll der Druckminderer ein Überdruckventil aufweisen, so dass bei einem inneren Fehler des Druckminderers das Überdruckventil abblasen kann. Sonst würde in einem solchen Fall der Inflatorschlauch platzen. Ein Unterwasser-Manometer ist nicht zwingend erforderlich, aber sinnvoll, um den Flaschendruck ablesen zu können. Entgegen den gültigen Normen werden in der Praxis von vielen Tauchern DIN-Luftventile an den Argonflaschen benutzt. Als Druckminderer wird dabei die Erste Stufe eines Atemreglers eingesetzt, in die an einem Niederdruckabgang (LP) ein Überdruckventil eingeschraubt wird. Dieses im Tauchsporthandel erhältliche Überdruckventil ist auf einen festen Überdruck eingestellt. Der Überdruck sollte über dem am Lungenautomaten eingestellten Mitteldruck liegen. Möglich ist auch der Einsatz einer Zweiten Stufe des Lungenautomaten als Überdruckventil. Das hat allerdings den Nachteil, dass der Taucher beim Vertauschen der Zweiten Stufen und längerem Atmen von Argon ersticken kann. Die Autoren empfehlen daher ausdrücklich die alleinige Verwendung einer normengerechten Konfiguration.
Befestigt wird die Argonflasche mit einer zusätzlichen Flaschenhalterung an der Hauptflasche oder, wenn vorhanden, direkt an der Rückentrage oder ihrer Bebänderung.

Auf dem Gefahrengutaufkleber findet sich ein Code, der über die Reinheit des Edelgases Argon informiert.

Die Kosten sind überschaubar. 4 l Argon sollten nicht mehr als 10,00 € kosten.

Anzuginneres mit Argon spülen

An einem weiteren LP-Abgang der Argonflasche wird auch der Inflatorschlauch für den Trockentauchanzug angeschraubt und mit dem Einlassventil am Trockentauchanzug verbunden. Nach dem Ankoppeln des Trockentauchanzuges sollte der Tauchanzug mit Argon gespült werden, um die Luft aus dem Anzug zu verdrängen. Dazu wird der Trockentauchanzug mit Argon geflutet, bis er richtig prall gefüllt ist. Danach begibt sich der Taucher bei geöffnetem Auslassventil in die Hocke und presst die Arme an den Körper, so dass alles Gas aus dem Trockentauchanzug entweichen kann. Nach dem Aufrichten fühlt sich der Tauchanzug an, als ob innen ein Vakuum herrscht, und liegt eng am Körper an. Jetzt kann wieder so viel Argon in den Anzug eingelassen werden, bis der Trockentauchanzug ein angenehmes Volumen angenommen hat.

Tipp

Die Füllung einer Vier-Liter-Argonflasche zum Tarieren sollte in einem Tauchshop nicht mehr als 10,00€ kosten (Stand Herbst 2006, zum Beispiel bei Tec-DC, Gelsenkirchen). Die Gaskosten können sich allerdings von Bezugsquelle zu Bezugsquelle unterscheiden.

Umgang mit dem Anzug

Ein Tauchgang ist immer nur so gut wie seine Vorbereitung. Stress im Vorfeld ist oft nicht einfach nur ärgerlich. So werden die meisten Beschädigungen des Trockentauchanzugs vom Taucher selbst verursacht – und zwar beim An- und Ausziehen. Eile und Ungeduld sind der häufigste Auslöser, etwa wenn man sich in praller Sonne umzieht.

Tipp

Die Planung des Tauchtages sollte genügend Zeit für das An- und Ausziehen berücksichtigen. Es dauert länger, mit einem Trockentauchanzug zu hantieren als mit einem Tropenanzug. Der Umkleideplatz soll wetter- und sonnengeschützter sein und genügend Raum für den einzelnen Taucher bieten. Ideal ist dabei die Möglichkeit, sich zum Ankleiden abstützen oder setzen zu können.

Anziehen ohne Stress

Wenn ein erfahrenerer Tauchpartner schneller mit dem Ankleiden fertig ist, wird so mancher Ungeübte nervös und hektisch. Damit der schnellere Tauchpartner nicht in voller Montur in größter Hitze warten muss, sollen sich Teams abstimmen, um möglichst zeitgleich fertig zu werden.

Empfindliche Manschetten

Durch Ohrringe oder zu lange und scharfkantige Fingernägel kann die Halsmanschette leicht beschädigt werden. Auch wenn man allzu ungestüm mit den Fingern daran zieht, können die Manschetten ausbeulen oder sogar einreißen. Auch die Armmanschetten können durch Uhren, Armbänder oder Ringe beschädigt werden. Schmuck muss deshalb vor dem Anziehen des Trockentauchanzuges abgelegt werden.

Schwachstelle Reißverschluss

Der gasdichte Reißverschluss ist das mit Abstand empfindlichste Teil des Trockentauchanzugs. Er sollte nur von einem Helfer geschlossen werden, der zuvor darin unterwiesen wurde. Vereinfacht wird das Schließen, wenn der Reißverschluss ausreichend gewachst wurde. Dabei muss auch sorgfältig darauf geachtet werden, dass nicht die Unterwäsche oder der Unterzieher mit eingeklemmt wird. Nicht nur, dass der gasdichte Reißverschluss in diesem Fall nicht dicht hält, er kann dabei auch beschädigt werden. Das gilt in besonderem Maße auch für eine eventuell vorhandene Neoprenunterlage. Hilfreich ist es, beim Zuziehen den Ringfinger in den Anzug und damit als Schutz unter den Reißverschluss zu legen, während Zeigefinger und Daumen die

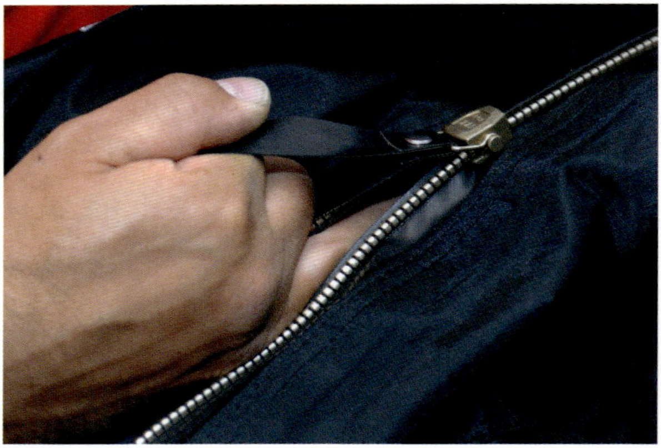

Wenn man beim Zuziehen des Reißverschlusses den Ringfinger unterlegt, kann die Unterwäsche oder der Unterzieher nicht eingeklemmt werden.

Reißverschlusslasche ziehen. Auch andere Fremdkörper dürfen nicht in den Reißverschluss kommen. Das kann vermieden werden, indem man den Tauchanzug vor und beim Anlegen nicht über den Boden schleift und beim Umkleiden eine saubere Plane unterlegt. Sehr häufig entstehen Schäden am Reißverschluss durch Knicken. Das kann beim unsachgemäßen Packen oder beim Verstauen im Kofferraum leicht geschehen. Aber auch wenn der Trockentauchanzug ordentlich verpackt worden ist, kann der Reißverschluss Schaden nehmen, wenn z. B. im Kofferraum des Autos oder auf dem Boot schwere Kisten oder Geräte darauf abgestellt werden.
Nach einem Tauchgang legen viele Taucher sehr schnell ihre gesamte Tauchausrüstung ab. Auch der Tauchanzug wird hastig abgestreift, um möglichst schnell die nächste Örtlichkeit zur Entleerung der Blase aufzusuchen.

Tipp

Speziell bei Tauchgängen von größeren Booten sollte das Arbeiten aus der Tasche oder Kiste beherrscht werden. Damit bei Seegang nicht auf dem Trockentauchanzug herumgetrampelt wird, sollte er immer sicher verstaut werden. Zum Trocknen wird der Anzug aufgehängt und mit einem Seil zusätzlich gesichert, damit er nicht bei Wind und Wellen über Bord geht.

Beim überhasteten Ausziehen des Tauchanzuges können die Manschetten sehr schnell einreißen, wenn falsch in die Manschetten gegriffen wird.

Zuweilen wird auch vergessen, am Arm befestigte Instrumente abzulegen. Ist der Trockentauchanzug ausgezogen worden, muss unbedingt darauf geachtet werden, dass man nicht auf den Reißverschluss tritt. Dieser kann dabei brechen, knicken oder verdrehen. All das führt zur irreparablen Beschädigung des Reiß-

verschlusses. Auch sollte beim An- und Auskleiden auf einen sicheren Stand geachtet werden, damit nicht ein ungewollter Ausfallschritt zu einem Sturz führt und der gasdichte Reißverschluss zertreten wird.
Auch die Füßlinge wollen mit Sorgfalt behandelt werden. Durch eingetretene Glasscherben oder scharfkantige Muscheln kann die Laufsohle beschädigt werden. Deshalb ist auf dem Weg zum und ins Wasser besondere Aufmerksamkeit erforderlich. Durch Stürze auf nassem und rutschigem Untergrund kann sich nicht nur der Taucher verletzen, sondern auch der Trockentauchanzug beschädigt werden. Hilfestellungen an schwierigen Passagen verringern dieses Risiko.

Tipp

Das Tauchmesser muss bei einem Trockentauchanzug eventuell anders positioniert werden als bei Nasstauchanzügen. Liegt die Messerscheide nicht im Blickfeld des Tauchers, kann beim Einschieben des Messers der Anzug zerschnitten werden. Daher sollte man das Messer immer an einer Stelle anbringen, die man gut einsehen kann.

Reinigen und Trocknen

Was für die Pflege der Tauchausrüstung in Bezug auf die Lebensdauer und Beständigkeit der einzelnen Ausrüstungsgegenstände und ihrer Einzelteile gilt, muss im Besonderen auch für den Trockentauchanzug und sein Zubehör beachtet werden. Während eine Tauchausrüstung in der Zeit ihres Gebrauchs im Wasser nur mäßigem Materialstress ausgesetzt ist, muss eine gründliche Pflege nach dem Einsatz dafür sorgen, dass sie während der meist längeren Transport- und Lagerzeiten in gutem Zustand bleibt. Voraussetzung dafür ist eine gewissenhafte Reinigung.

Die Maßnahmen zur Erhaltung und Pflege des Trockentauchanzugs beginnen sofort nach dem Ende des Tauchgangs und vor dem Verpacken für den Transport.

Noch am Gewässer wird der Trockentauchanzug von groben Verschmutzungen befreit. Nach dem Ausziehen wird der gasdichte Reißverschluss geschlossen, damit nicht unbeabsichtigt das Innere des Trockentauchanzuges verunreinigt wird. Nun wird zunächst mit der Reinigung der Laufsohlen begonnen. Als einfachste und erste Maßnahme spült man diese noch am Ufer des Tauchgewässers.
Im Süßwasser spült man den Anzug, indem man ihn gegebenenfalls mehrfach eintaucht. Dabei sollte eine Stelle mit möglichst klarem Wasser und steinigem Untergrund ausgesucht werden.

Tipp

Wenn zum Umkleiden auf dem Boden vor dem Kofferraum des Autos eine Folie ausgebreitet und sich auf dieser Folie ausgezogen wird, kann der Trockentauchanzug dabei nicht so stark verschmutzen. Auf diese Weise kann eine ganze Menge Zeit bei der Nachbereitung des Tauchgangs eingespart werden. Eine Teichfolie aus dem Baumarkt ist ideal, weil sie relativ kräftig ist. Alternativ ist aber auch eine einfachere Abdeckplane ausreichend.

Die Füßlinge verdienen bei der Reinigung unmittelbar nach dem Tauchgang besondere Aufmerksamkeit. Denn in den Rillen ihrer Sohle können sich beim Laufen leicht kleine, aber eventuell scharfkantige Steinchen festgesetzt haben. Auf solche Fremdkörper sollten die Profilsohlen untersucht werden. Denn unentdeckt können sie nach dem Zusammenlegen oder -rollen des Anzugs unter ungünstigen Voraussetzungen Beschädigungen an sensiblen Stellen des Anzugmaterials hervorrufen. Laub, Sand, Gräser oder dergleichen werden abschließend ebenfalls vom Trockentauchanzug entfernt, zum Beispiel mit einem Handfeger.
Nach der Rückkehr zur Tauchbasis oder nach Hause sollte der nasse Trockentauchanzug immer sofort aus der Tasche oder dem Transportbehälter herausgenommen werden. Zum einen besteht durch die Feuchtigkeit immer die Gefahr der Schimmelbildung. Zum anderen muss die erste oberflächliche Reinigung am Tauchgewässer durch eine gründlichere ergänzt werden. Nach Tauchgängen im Meer ist auch das Salzwasser mit reichlich Süßwasser auszuwaschen. Ist der wahrscheinlich noch immer anhaftende Schmutz erst einmal angetrocknet, wird die Reinigung des Anzugs um einiges aufwändiger.

Beim Säubern wird immer von innen nach außen und von den Schuhen zum Kopf gearbeitet.

Soll der Trockentauchanzug am gleichen Tag wieder zum Einsatz kommen, ist es ratsam, ihn nur von außen zu reinigen, denn die Innenreinigung ist in erster Linie aus hygienischen Gründen sinnvoll. Auf jeden Fall muss der Anzug dann so aufgehängt oder gelagert werden, dass er innen belüftet wird und so lange wie möglich trocknen kann.

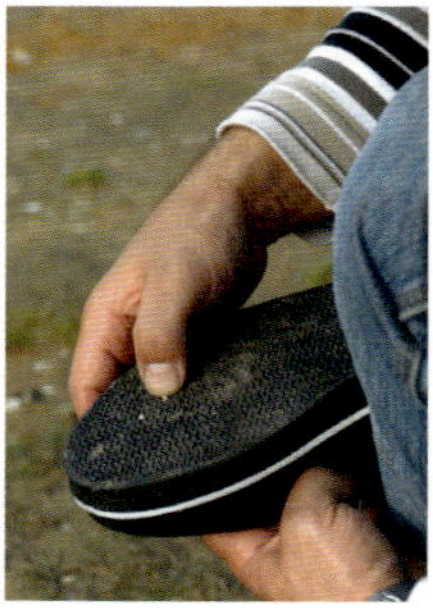

Die Laufsohlen der Füßlinge werden sofort nach dem Tauchgang gesäubert.

Innenreinigung

Kommt der Trockentauchanzug hingegen nicht so schnell erneut zum Einsatz, ist vor der Lagerung eine Innenreinigung vorzunehmen. Diese führt man am besten an einer Stelle durch, an der der Anzug einfach nahe einem Gully auf den Fußboden gelegt werden kann. Da grober Schmutz bereits am Tauchgewässer entfernt wurde, eignet sich zum Beispiel auch eine Waschküche dafür. Mit Hilfe eines Schlauchs wird nun frisches Süßwasser in den Trockentauchanzug gefüllt.

Ob im Sommer oder Winter – beim Anlegen des Trockentauchanzugs muss überlegt und umsichtig vorgegangen werden, damit nichts beschädigt wird. (Foto: R. Krebs)

Nachdem das Wasser wieder aus dem Trockentauchanzug abgelassen worden ist, wird er mit einer leichten Lauge aus Feinwaschmittel oder einem leichten Desinfektionsmittel erneut gefüllt. Geeignet sind flüssige Woll- und Feinwaschmittel. Je mehr davon verwendet wird, desto länger und gründlicher muss der Trockentauchanzug anschließend innen mit klarem Süßwasser ausgespült werden. Es bleiben sonst Waschmittelreste zurück, und diese können zu Hautreizungen und/oder allergischen Reaktionen führen. Bei allen Trockentauchanzügen, gleich welchen Materialtyps, ist in derselben Weise zu verfahren, lediglich das Anfeuchten des Plüschfutters entfällt.

Außenreinigung

Nach der Innenreinigung wird der Trockentauchanzug mit den Füßen nach oben aufgehängt. Dazu bieten sich spezielle Kleiderbügel an, die über den Tauchsportfachhandel zu beziehen sind. Auf diese Weise kann die im Anzug verbliebene Restfeuchtigkeit leicht von den Schuhen weg nach unten zur Öffnung des Anzugs hin ablaufen. Würde der Anzug an den Schultern auf einen Bügel

Tipp

Wenn der Trockentauchanzug aus innen mit Plüsch kaschiertem Neoprenmaterial hergestellt ist, muss dieses Futter erst komplett nass gemacht werden. Denn dieses Material nimmt Körperschweiß besonders gut auf.

Der Trockentauchanzug wird bei der Innenreinigung zuerst mit fließendem klarem Wasser ausgespült.

Tipp

Für die Reinigungsarbeiten an der Tauchausrüstung sind verschiedene Bürsten eine große Hilfe. Für die Sohlen der Füßlinge eignet sich am besten eine Bürste, wie sie zum Spülen benutzt wird. Für das Reinigen der Reißverschlüsse eignet sich am besten eine Nagelbürste. Für das Reinigen von Gewindegängen eignet sich am ehesten eine Zahnbürste.

gehängt, würde sich die Feuchtigkeit in den Füßlingen sammeln. In der dann nur schwer verdunstenden Feuchtigkeit können schnell Keime gedeihen oder es kann sich Schimmel bilden, der den Anzug schlimmstenfalls innen weitgehend überzieht. Auch ein leichter Anzug wird deswegen erst nach dem vollständigen Trocknen auf einen herkömmlichen Bügel gehängt.
Nach dem Aufhängen kann mit der Außenreinigung angefangen werden. Bei den Füßlingen unter der Sohle wird begonnen. Dazu eignet sich ein Wasserschlauch mit Süßwasser. Unter dem fließenden Wasser kann nun unter Zuhilfenahme einer nicht zu weichen Bürste das Profil der Schuhe gereinigt werden.

Bei hartnäckigen Verschmutzungen kann auch an der Außenseite des Anzugs wieder eine Lauge eingesetzt werden. Dazu bieten sich spezielle Shampoos an, die über den Fachhandel bezogen werden können. Danach ist der gesamte Trockentauchanzug wieder mit reichlich frischem Wasser abzuspülen, um Laugen- und Shampoorückstände zu entfernen.

Schließlich werden noch die Reißverschlüsse gepflegt. Falls ein Schutzreißverschluss vorhanden ist, wird dieser genauso behandelt wie der gasdichte Reißverschluss. Der Reißverschluss wird zuerst unter fließendem Süßwasser abgespült und wenn nötig mit der Nagelbürste von Fremdkörpern gereinigt. Wichtig ist, dass die verwendete Bürste immer sauber ist.

Als Nächstes werden die Ventile gespült. Das Auslassventil am Oberarm wird von innen nach außen mit dem Wasserschlauch abgespült und durch Drücken der mechanischen Ventilbetätigung auch innen mit Wasser durchspült. Dabei werden Fremdkörper wie Fussel, Haare oder Hautschuppen aus dem Ventil entfernt. Wenn es sich um ein verstellbares Automatikventil handelt, kann die Auslöseverstellung auch unter fließendem Süßwasser hin und her gedreht werden. So lassen sich Verunreinigungen oder Salzkristalle ausspülen. Die Einlassventile werden ebenfalls unter fließendem Süßwasser abgespült. Das Drücken des Einlassknopfes gibt den Ventilmechanismus frei.

Merke

1. Neoprentrockentauchanzüge können auch mit einem speziellen, im Tauchsporthandel erhältlichen Neoprenwaschmittel in der Waschmaschine bei 30 °C im Schon- oder Wollprogramm gewaschen werden. Dazu wird der Anzug auf links gezogen und der Reißverschluss geschlossen. Der Trockentauchanzug darf aber auf keinen Fall geschleudert werden: Er läuft dadurch ein und kann auch mechanisch Schaden nehmen. Bei einer herkömmlichen Waschmaschine übersteigt das Volumen des Trockentauchanzugs aber oft das Fassungsvermögen der Trommel.

2. Von den meisten Herstellern von Trockentauchanzügen wird allerdings die Handwäsche empfohlen. Hierbei wird die Haltbarkeit auf keinen Fall beeinträchtigt, während unter der Maschinenwäsche speziell die gasdichten Reißverschlüsse doch sehr leiden.

Desinfektion des Anzuginneren

Von Zeit zu Zeit sollte ein Trockentauchanzug von innen desinfiziert werden. Das ist besonders dann wichtig, wenn er mit einem Plüschfutter ausgestattet ist. Typische Bereiche, in denen sich durch Bakterien Gerüche bilden, sind die Achseln, der Schritt und die Füßlinge. Verlässliche und dafür geeignete Desinfektionsmittel gibt es in der Drogerie.
Unter Zuhilfenahme einer Bürste werden die betroffenen Bereiche mit der Reinigungslösung gründlich eingerieben und nach kurzem Einwirken mit sauberem Süßwasser ausgespült.

Um einen frischen Geruch zu erzielen, empfiehlt sich ein im Tauchsportfachhandel erhältliches Neoprendeodorant.

Diese Produkte sind umweltfreundliche Geruchsvernichter für Anzüge und Füßlinge. Spezielle Mikroben sorgen dabei für eine sichere Wirkung. Ein solches Mittel wird einfach ins Wasser gegeben und der Trockentauchanzug damit erneut von innen

Merke

1. Kupferrohre dürfen zum Aufhängen von Trockentauchanzügen auf keinen Fall verwendet werden, denn Kupfer greift Gummi- und Latexteile an.

2. Auch zu große Wärme während der Trocknungsphase schadet den Neoprentauchanzügen, denn hierbei dehnen sich die Gasblasen im Material aus und das darin enthaltene beim Tauchen isolierende Gas kann entweichen. Mit der Zerstörung der Gasblasen geht die Isolationseigenschaft gegen Kälte unwiederbringlich verloren.

3. Der Anzug darf außerdem nicht in Räumen getrocknet werden, in denen sich Elektromotoren oder Geräte befinden, die Ozon freisetzen: Ozon zerstört das Anzugmaterial.

4. Zum Trocknen sollte der Trockentauchanzug nie direkter Sonnenbestrahlung ausgesetzt werden, weil auch dadurch die Latex- und Gummiteile Schaden leiden.

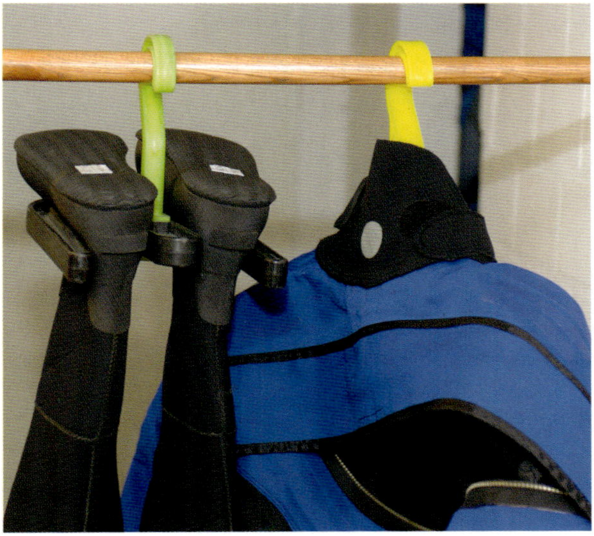

Zum Trocknen nach dem Waschen wird der Trockentauchanzug auf spezielle Bügel gehängt.

ausgespült. Anschließend wird er mit den Füßen nach oben zum Trocknen an einem gut belüfteten Ort aufgehängt.

Trocknen des Anzugs

Damit der Trockentauchanzug auch von innen trocknen kann, bleibt der gasdichte Reißverschluss immer geöffnet. Wenn der Lagerraum gut belüftet werden kann, vermindert das die Gefahr der Schimmelbildung. Um den Vorgang zu beschleunigen, werden z. B. bei den Feuerwehren die Anzüge mit speziellen Gebläsen belüftet.

Durch den Einsatz einer Trocknungsanlage ist es möglich, einen Trockentauchanzug mit Plüschfutter in einer Nacht zu trocknen. Allerdings sollte dazu ein Rohrlüfter mit einer großen Luftlieferleistung – sie wird in Kubikmeter pro Stunde (m^3/ h) angegeben – ausgewählt werden. Der Schlauch wird durch die Reißverschlussöffnung des Anzugs geschoben, danach wird der gasdichte Reißverschluss bis an den Schlauch geschlossen. Eventuell vorhandene Trockentauchhandschuhe können an den Anzug gekoppelt und mitgetrocknet werden. Die Halsmanschette muss frei und offen bleiben, damit hier die feuchte Luft aus dem Trockentauchanzug entweichen kann.

Tipp

Eine Anzugtrockenanlage kann man selbst sehr einfach nachbauen (siehe S. 130).

Packen und Lagern

Die Haltbarkeit eines Trockentauchanzugs hängt entscheidend davon ab, wie mit dem Anzug und seinem Zubehör in der Zeit verfahren wird, in der keine Tauchgänge anstehen. Neben dem Packen für Transporte und nach dem Säubern vor einer längeren Pause spielt daher die Art und Weise der Lagerung eine wichtige Rolle.

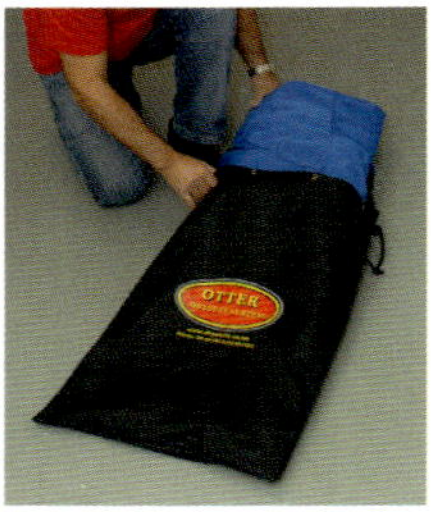

Falten oder rollen?
Am besten folgt man der Herstelleranweisung.

Zusammenpacken des Anzugs

Viele Beschädigungen entstehen nicht während eines Tauchgangs, sondern außerhalb des Wassers, etwa während des Transports. Zwar ist das Anzugmaterial an sich bei normalem Umgang nicht sonderlich empfindlich, aber gerade beim Packen muss besonders auf den sensiblen gasdichten Reißverschluss geachtet werden. Dieser darf auf keinen Fall stark geknickt werden, da dies irreparable Beschädigungen hervorrufen kann. Ein Austausch kommt preislich fast immer in die Nähe einer kompletten Neuanschaffung. Ein sorgfältiger Umgang mit der Trockentauchausrüstung ist also im eigenen Interesse des Tauchers außerordentlich wichtig. Der Transport eines Anzugs zum oder vom Tauchgewässer geschieht am besten in der beim Kauf mitgelieferten Originaltasche in der vom Hersteller empfohlenen Verpackungsform.

Merke

1. Zu den Trockentauchanzügen gehören in der Regel Packtaschen, in denen sie auch ausgeliefert werden. Aufgrund der vorgegebenen Packtaschenform müssen manche Anzüge aufgerollt und andere gefaltet werden. In der Praxis macht das keinen großen Unterschied.

2. Wichtig ist, dass der Anzugreißverschluss nicht durch schwere Gewichte belastet wird. Wenn der verpackte Anzug zu viel Druck erfährt, droht eine irreparable Beschädigung.

3. Sofern ein Hersteller oder Fachhändler Anweisungen oder Tipps zum Packen des Trockentauchanzuges gibt, sollte immer entsprechend genau danach verfahren werden.

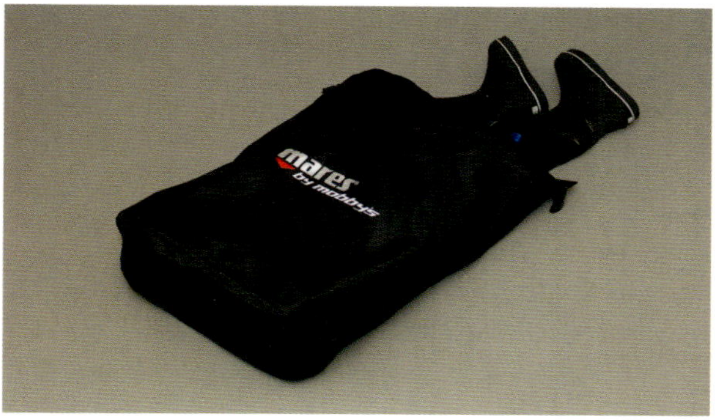

Die Originalpacktasche ist stets der geeignetste Transportbehälter für den Trockentauchanzug.

Da aber zum Beispiel für gebrauchte Trockentauchanzüge eine Verpackungsanleitung nicht immer vorhanden ist, sollte auf die folgende allgemein gültige Lösung zurückgegriffen werden.

- Das Verpacken des Anzugs geschieht zweckmäßigerweise am besten auf dem Boden. Bevor damit begonnen wird, sollte der Untergrund wenigstens grob gereinigt werden, damit nicht Schmutz, Steine oder sonstige Fremdkörper den zuvor gesäuberten Anzug wieder verschmutzen.
- Da es nicht immer möglich ist, den Untergrund zu fegen, ist eine Teichfolie oder eine etwas festere Plane mit den Maßen 4 x 4 m als Arbeitsfläche die bessere Lösung. Eine solche Unterlage eignet sich außerdem hervorragend zum Reinigen des Anzugs vor dem Einlagern (siehe auch Kapitel Reinigen) oder beim Umziehen auf einer Rasenfläche oder anderen Untergründen, auf denen Teile der Tauchausrüstung schnell verschmutzen. Dazu verhindert eine Plane, zum Beispiel bei Nachttauchgängen, dass kleinere Gegenstände des Zubehörs verloren gehen können.

Sauberer Untergrund zum Packen

Die meisten Hersteller empfehlen, dass der Trockentauchanzug vor dem Verpacken gereinigt und getrocknet wird. Außerdem sollen der Reißverschluss gewachst und die Manschetten gepudert werden. In der Praxis ist das unmittelbar nach dem Tauchgang nur schwer durchführbar oder auch ganz unmöglich. Deshalb wird der Anzug meist zwangsläufig am Tauchplatz noch nass und vorerst nur für den unmittelbaren Transport verpackt.

Tipp

Planen, die mit Ösen an den Enden versehen sind, lassen sich leicht mit Zeltháringen fixieren und können so bei windigem Wetter gesichert werden. Mit einer Nylonschnur lässt sich zwischen zwei Autos oder Bäumen aus einer leichten Plane auch ein Sonnensegel oder ein Regenschutz herstellen. Ein mit Teichfolie ausgelegter Kofferraum ist weitgehend gegen abtropfendes oder gar auslaufendes Wasser geschützt.

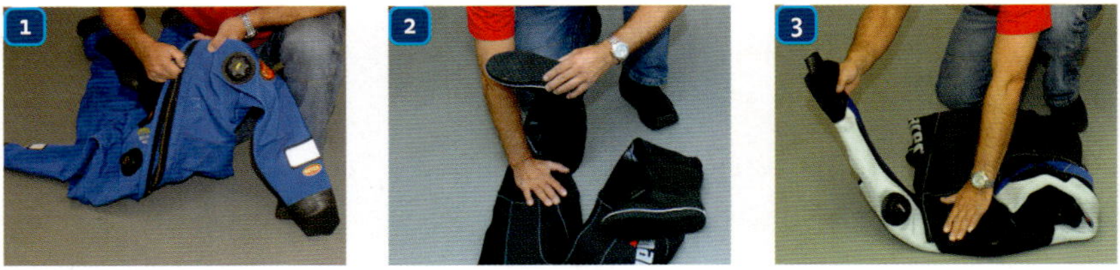

Zum Verpacken des Trockentauchanzugs erst den Reißverschluss schließen (1), dann an den Füßlingen mit dem Falten oder Zusammenrollen beginnen (2), die Ärmel zuletzt außen an die Rolle anlegen (3).

Zum Verpacken wird der Trockentauchanzug auf den sauberen Boden oder eine saubere Plane oder Folie gelegt. Zunächst wird der gereinigte und auf Fremdkörper kontrollierte gasdichte Reißverschluss geschlossen. Anschließend wird der Verschlussstopfen auf den Anschlussnippel des Einlassventils gesteckt, um einer Beschädigung des Trockentauchanzuges durch den Anschlussnippel vorzubeugen. Trockentauchanzüge mit Frontreißverschluss werden mit der Brustpartie nach oben und solche mit Rückenreißverschlüssen auf den Rücken gelegt. In jedem Fall soll der Teil des Anzugs, über den die größte Strecke des Reißverschlusses verläuft, sichtbar sein.

Das Zusammenrollen oder -legen des Anzugs beginnt an den Füßlingen oder den Beinen, falls keine Füßlinge angesetzt sind.

Bei Trockentauchanzügen mit Neoprenstiefeln muss oberhalb der Naht, an dem der Stiefel am Trockentauchanzug angesetzt ist, mit dem Einschlagen begonnen werden. Die Neoprenstiefel selbst dürfen nicht geknickt werden, da das Material an den Knickstellen sonst an Isolationsfähigkeit verliert. Auch die Nahtstelle zwischen Anzug und Füßlingen sollte keinesfalls als Knickstelle dienen, um hier keine Faltenbildung entstehen zu lassen. Mit den Ärmeln kann beim Zusammenpacken auf zweierlei Arten verfahren werden. Besonders bei dünnen Anzügen, etwa aus Trilaminat oder ähnlichen Materialien, lassen sie sich mit einrollen. Dazu werden sie an der äußeren Schulter in ihrer ganzen Länge umgeschlagen und auf der oben liegenden Seite des Anzugs übereinander gekreuzt. In dieser Position werden die Ärmel mit eingerollt.
Bei stärkerem Anzugmaterial, besonders etwa bei steifem Neopren, werden die Ärmel besser nicht mit eingerollt, weil sich

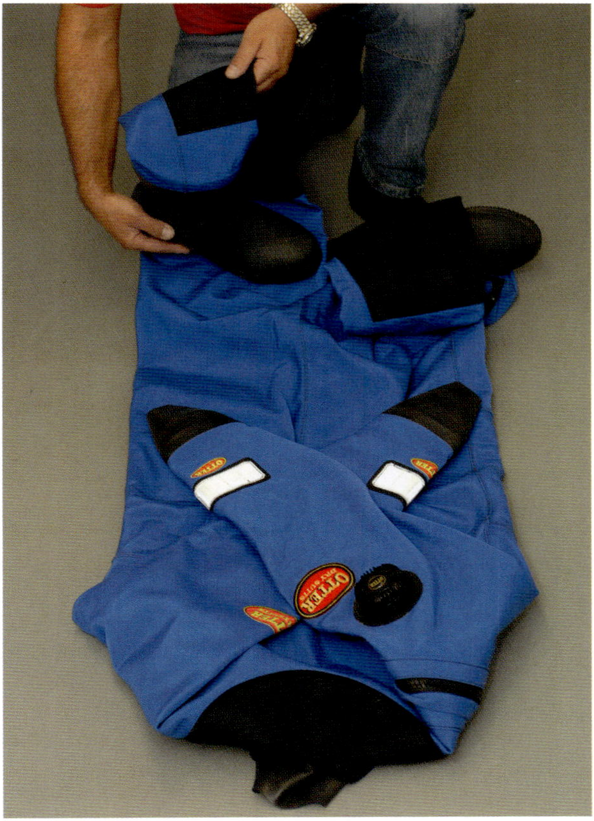

Bei Trockentauchanzügen aus dünnem Material können die Ärmel nach innen umgeschlagen und mit eingerollt werden.

sonst deutlich größere Packmaße ergeben können. In diesem Fall bleiben die Ärmel in ihrer Ausgangslage auf dem Untergrund und werden nach dem Zusammenrollen einfach jeweils über die Länge der Rolle angelegt. Wenn dabei der rechte Arm zuerst angelegt wird, sollte das Auslassventil an der Seite der Anzugrolle etwa in der Mitte positioniert und damit gut gegen Beschädigungen geschützt sein. In die Packtasche wird der Anzug nun zuerst mit dem zuletzt auf die Rolle gelegten Arm gesteckt. Da dieser Arm den anderen abdeckt, bildet der keinen Widerstand und der Anzug gleitet leicht in die Tasche hinein. In beiden Fällen sind die Ein- und Auslassventile vor Beschädigungen geschützt.

Tipp

Lose Kopfhauben und Trockentauchhandschuhe werden ebenfalls in die Tasche für den Trockentauchanzug gepackt. So kann nichts vergessen werden, und alle elementaren Teile der Ausrüstung bleiben beisammen.
Zu guter Letzt sollte das zum Anzug gehörende Reparatur- und Pflegeset immer mit in die Tasche gelegt werden. Eine kleine Gefrierdose für Lebensmittel leistet hier hervorragende Dienste, weil die Tube für das Reißverschlussfett oder -wachs nicht gequetscht werden kann, wenn sie in einem harten Behälter verstaut ist.

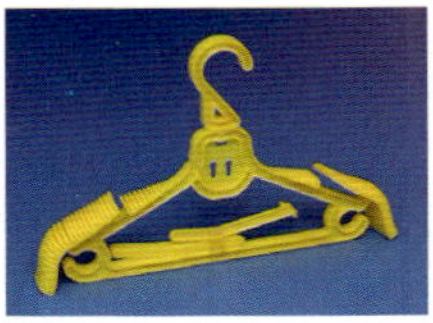

Spezialbügel für das Lagern von Trilaminatanzügen

Lagern des Anzugs

Neoprentrockentauchanzüge werden nach dem Reinigen und Trocknen immer mit den Füßen nach oben auf einen speziellen Bügel gehängt, um Knickstellen im Neopren zu vermeiden. Dasselbe gilt auch für solche Trockentauchanzüge, bei denen nur die Hose oder der Torso aus Neopren gefertigt ist. Trilaminatanzüge können, so sie vollkommen getrocknet sind, mit einem Bügel aus dem Tauchsportfachhandel aufgehängt oder auch in der Packtasche gelagert werden. Gummi/PDM-Trockentauchanzüge dagegen werden nach dem Reinigen und gründlichen Trocknen immer in den dafür vorgesehenen Packtaschen gelagert. Bei Trockentauchanzügen, die so gelagert werden, ist es besonders wichtig sicherzustellen, dass auch nicht die mindeste Restfeuchtigkeit im Anzug verblieben ist. Selbst Kondenswasser kann Schimmelbildung verursachen.

Trockentauchanzüge mit Latexdichtmanschetten dürfen auf keinen Fall eingelagert werden, ohne dass zuvor die Manschetten mit Talkum eingepudert wurden. Ohne eine solche Pflegebehandlung kleben die Latexoberflächen der Manschetten bei ständigem Kontakt nach kurzer Zeit zusammen, können dann nicht mehr ohne Beschädigung voneinander gelöst werden und sind somit unbrauchbar.

Der gasdichte Reißverschluss wird vor dem Einlagern grundsätzlich gewachst. Bei Anzügen in Packtaschen empfiehlt es sich, den Reißverschluss zu schließen, da der Verschluss dann etwas stabiler ist und weniger Gefahr besteht, ihn zu stark zu knicken.

Bei hängender Lagerung dagegen empfiehlt es sich, den Reißver-

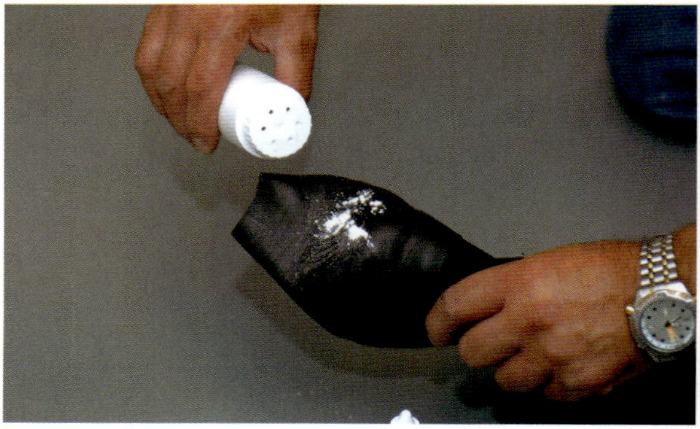

Vor dem Einlagern müssen alle Latexteile unbedingt mit Talkum eingepudert werden, …

schluss zu öffnen. Zwar kann dieser während der Lagerung auch problemlos geschlossen bleiben, ein geöffneter Reißverschluss ermöglicht aber eine bessere ständige Belüftung des Anzuginneren. Für alle Arten der Lagerung gilt: Weist der gasdichte Reißverschluss eine Knickstelle auf, ist er defekt.

Kühler und trockener Raum

Trockentauchanzüge sollten immer an einem kühlen und trockenen Ort gelagert werden. Eine niedrige Raumtemperatur ist empfehlenswert, damit sich die mit Isolationsgas gefüllten Mikrobläschen im Neopren nicht ausdehnen oder gar platzen und damit die Isolationseigenschaften verloren gehen. Der Lagerraum soll außerdem trocken sein, damit sich nicht doch trotz vorheriger sorgfältiger Trocknung Schimmel im Anzug bildet.
Wie schon beim Trocknen des Anzugs muss auch bei der Lagerung besonderes Augenmerk auf einige Maßnahmen zur Verlängerung der Lebensdauer des Trockentauchanzugs gelegt werden. So darf er nicht in Räumen aufbewahrt werden, in denen Elektromotoren betrieben werden, die Ozon freisetzen. Direkte Sonneneinstrahlung, benzin- oder ölhaltige Luft schadet allen Latex- und Gummiteilen, und zwar nicht nur am Trockentauchanzug, sondern bei der gesamten Tauchausrüstung. In Flossen, Bändern von Masken und Messern oder anderen Ausrüstungsgegenständen werden diese Materialien oft verwendet, ohne dass es explizit ausgewiesen wird. Vor dem ersten Einsatz nach einer längeren Einlagerung sollten der Trockentauchanzug auf Dichtigkeit und die Ventile auf Funktion überprüft werden.

Tipp

Genau wie der Atemregler sollte der Trockentauchanzug als hochwertiges und in der Anschaffung meist teuerstes Teil der Ausrüstung regelmäßig von einem Fachmann überprüft werden. Dichtigkeitsprüfungen des Anzugmaterials und Funktionsprüfungen der Ein- und Auslassventile sowie der Zustand der Dichtmanschetten werden dabei kontrolliert und protokolliert. Eine Überprüfung im Fachhandel trägt nicht nur zum Werterhalt des Trockentauchanzuges bei, sondern erhöht die Betriebssicherheit.

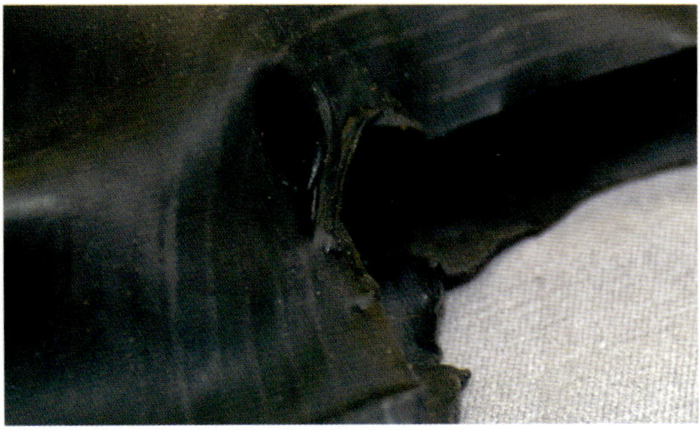

... weil sie sonst verkleben und beim Auseinanderziehen zu Beginn der neuen Saison mit Sicherheit beschädigt werden.

Werkzeuge und Materialien

Tipp

Für die eigene »Werkstatt« des Trockentauchers gelten die gleichen Kriterien: Sauberkeit und Ordnung stehen an erster Stelle. Fällt z. B. ein gereinigter O-Ring auf einen stark verschmutzten Fußboden, ist er zumeist wieder verunreinigt oder gar unauffindbar.

Um eine Tauchausrüstung immer einsatzbereit zu halten, ist ein vertrauenswürdiger Tauchshop unerlässlich. Ähnlich wie bei einem Auto müssen bestimmte Ausrüstungsgegenstände in regelmäßigen Intervallen gewartet werden. In der Regel werden Revisionen einmal im Jahr durchgeführt.

In einer Werkstatt oder einem Tauchshop lassen sich meist aufgrund der herrschenden – oder mangelhaften – Ordnung und Sauberkeit Rückschlüsse auf den Arbeitsstil des ausführenden Fachmanns ziehen.

Da es sich bei der Tauchausrüstung um lebenserhaltende Gegenstände wie einen Lungenautomaten oder Trockentauchanzug handelt, sollte bei der Auswahl der Werkstatt die Messlatte hoch gelegt werden. Kompetenz, Sauberkeit und Ordnung sind ebenso

Merke

1. Die wichtigsten Werkzeuge für die Wartung der eigenen Tauchausrüstung in der heimischen Werkstatt:
Messschieber, Gliedermaßstab, zwei Sätze Maulschlüssel, Stirnlochschlüssel, Hakenschlüssel, Seitenschneider, Kombizange, Radiozangen in verschiedenen Größen, diverse Schraubendreher, Drahtbürste, Schraubstock, O-Ring-Heber, Locheisen, Pinzette, Ultraschallbad, Lupenleuchte, Drehmomentschlüssel, Heißluftgerät, Luftdüse für den Inflatorschlauch und die original Werkzeuge je nach Produkt.

2. Verbrauchsmaterialien
Silikonfett (lebensmittelecht), Vaseline oder Melkfett, Neoprenkleber, Gummikleber, Lecksuchspray, Reinigungskonzentrat, Desinfektionsmittel, Talkum, Paraffin für Reißverschlüsse, rostlösendes Spray, Alkohol, Papierhandtücher.

3. Reinigungsutensilien
Handwaschbürste, Spülbürste, Flaschenbürste, Sprühflasche, Kleiderstange, um Anzüge zu trocknen.

Eine Auswahl von Werkzeugen für den, der die Wartung seiner Ausrüstung selbst übernehmen möchte.

obligatorisch wie ein vollständiges Inventar, um alle anfallenden Wartungen und Reparaturen von gängigen Ausrüstungsteilen des Sortiments jederzeit durchführen zu können.

Werkzeuge für unterwegs

Um unterwegs kleine Pannen beheben zu können, sollte man stets ein Werkzeug- und Ersatzteil-Set mitführen. Nichts ist schlimmer, als nach einer langen Anreise zu einem Tauchgewässer feststellen zu müssen, dass der Weg umsonst war, nur weil ein Werkzeug im Wert von wenigen Cent fehlt. Bei größeren Reisen ist es zweckmäßig, ein Revisionskit für den Lungenautomaten und Ersatzmanschetten für den Trockentauchanzug nebst Kleber mitzuführen. Vor Ort lässt sich zwar meistens ein Tauchshop ausfindig machen, der Reparaturen ausführen kann, aber die richtigen Ersatzteile nicht unbedingt vorrätig hat.

Merke

Auswahl für einen mobilen »Erste-Hilfe-Werkzeugkasten«:

1. Werkzeuge:
Radiozange, Rollgabelschlüssel, Schraubendreher kleine und große, ein Satz Inbusschlüssel, O-Ring-Heber, Seitenschneider, Schweizer Messer.

2. Ersatzteile:
O-Ringe für die Erste Stufe, für die LP- und HP-Abgänge und die Hochdruck-DIN - Anschlüsse, Reserve-Blindstopfen, Mundstück, Kabelbinder in verschiedenen Stärken und Längen, Talkum, Wachsstift und Kleber für den Trockentauchanzug, Reservemanschetten, Schleifpapier, Silikonfett für alle O-Ringe. Toilettenpapier, um Silikonreste von O-Ring-Nuten zu entfernen, Reserve-Bänderungen für Flossen, Maske und Messer. Für Lampen, Fotoapparate, UW-Scooter oder sonstige Zusatzausrüstungen werden spezielle Werkzeuge und Ersatzteile benötigt, die zusätzlich auch mitgeführt werden sollten. Zum Teil ist es sinnvoll, bestimmte Ausrüstungsgegenstände doppelt dabei zu haben.

Trockengebläse selber bauen

Im Idealfall ist in der privaten Werkstatt ein Wasseranschluss nebst Abfluss vorhanden. Damit wird das Reinigen vereinfacht. Es sollte dazu ausreichend Platz zum Trocknen und Lagern zur Verfügung stehen. Um Trockentauchanzüge schneller von innen zu trocknen, hat sich ein Gebläse bewährt. Ein solches lässt sich sehr einfach selbst herstellen. Benötigt wird dazu ein flexibler Schlauch, wie er für Wäschetrockner benutzt wird. Im Sanitärfachhandel werden Rohrlüfter mit einem Außendurchmesser angeboten, der dem Innendurchmesser des Abluftschlauches entspricht. Wird der Rohrlüfter mit einem elektrischen Anschluss versehen und der Lüfter in das Rohr geschoben, steht der Innentrocknung des Trockentauchanzugs nichts mehr im Wege. Neoprentrockentauchanzüge mit Plüschkaschierung trocken mit einem solchen Lüfter in der Hälfte der sonst üblichen Zeit. Trilaminattrockentauchanzüge sind so schon in wenigen Stunden wieder einsatzbereit. Ein Heizen der Luft ist nicht nötig, es muss nur frische Luft nachgeführt werden.

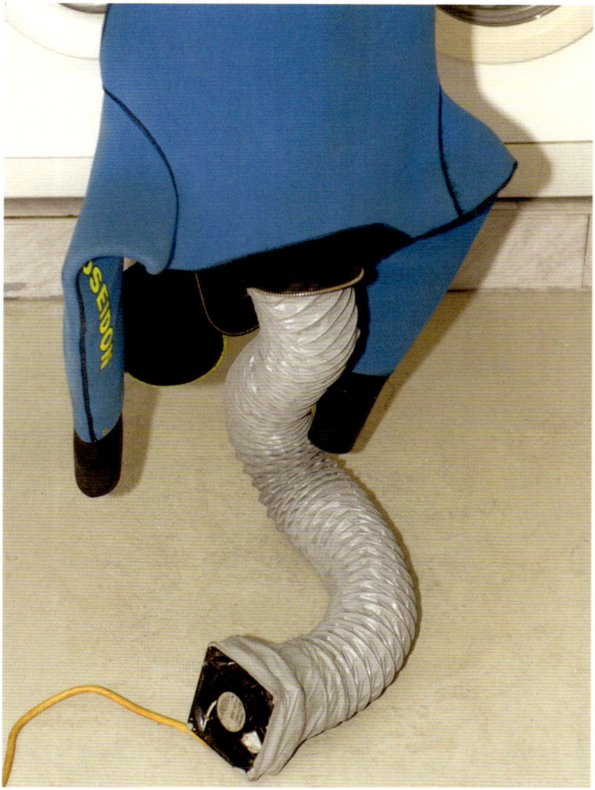

Trockengebläse
im Einsatz

Reparatur von Trockentauchanzügen

Loch im Anzug flicken

Sollte der Trockentauchanzug einmal nicht dicht gewesen sein, ist zu überlegen, ob nicht bei der Benutzung ein Fehler gemacht wurde. Als Erstes sollten daher folgende Fragen gestellt werden:

- Haben alle Dichtmanschetten richtig gelegen?
- Sind die O-Ringe des Trockentauchhandschuh-Ringsystems frei von Verunreinigungen?
- Haben die O-Ringe alle sauber in den entsprechenden Nuten gelegen?

Tipp

Grundsätzlich sollten alle Reparaturen an einem Trockentauchanzug nur von autorisierten Fachhändlern durchgeführt werden, um etwaige Garantieansprüche nicht zu verlieren. Während einer Tauchreise weit von jeder Werkstatt entfernt ist Eigeninitiative jedoch oft unumgänglich.

- War vielleicht der Unterziehhandschuh im Dichtungsbereich eingeklemmt?
- War der gasdichte Reißverschluss wirklich ganz geschlossen?
- War eventuell der Unterzieher im Reißverschluss eingeklemmt?
- Sind die Ein- und Auslassventile noch fest eingeschraubt?
- Könnte die Feuchtigkeit auf der Oberseite des Unterziehers Kondensat sein?
- Herrschte vielleicht Unterdruck im Anzug und ist dadurch Wasser durch das Auslassventil eingedrungen?

Erst wenn alle diese Checkpunkte durchgegangen worden sind und nicht zu einer Lokalisierung des Lecks geführt haben, sollte mit einer eingehenden Untersuchung begonnen werden.

Bei einem Leck im Trockentauchanzug ist meistens ein Bereich im Anzug zuerst oder stärker durchfeuchtet. Als Erstes sollte dort mit einer Sichtkontrolle begonnen werden.

Größere Löcher sind in der Regel kein Problem, da sie auf Anhieb erkannt werden, kleinere Löcher werden dagegen nur sehr schwer gefunden.

Wie man ein Loch in einem Konstantvolumenanzug findet

Zuerst werden die Arme verschlossen, beispielsweise mit je einer Wasserflasche. Die Halsöffnung kann mit einer Pressluftflasche oder einem Plastikeimer entsprechend dem Halsumfang abgedichtet werden. Danach wird der Anzug über den Inflator mit Pressluft gefüllt.

Anschließend könnte der Anzug unter Wasser gedrückt und so das Loch anhand von aufsteigenden Luftbläschen gefunden werden. Was sich so simpel anhört, gestaltet sich in der Praxis jedoch äußerst schwierig: Ein prall mit Luft gefüllter Trockentauchanzug lässt sich nicht einfach von Hand unter Wasser drücken. Praktikabler ist es, den aufgeblasenen Konstantvolumenanzug an der Stelle des vermuteten Lochs mit Lecksuchspray oder mit Seifenlauge einzusprühen. An der Stelle des Lecks bilden sich dann mehr oder weniger kleinere oder größere Blasen, so dass auch Ungeübte die undichte Stelle finden können.

Mit Hilfe eines Lecksuchsprays lassen sich auch kleine Löcher im Anzug finden.

Wenn das Loch so klein ist, dass es mit dieser Methode nicht gefunden wird, kann versucht werden, es anhand der ausströmenden Luft zu »erfühlen«. Dazu wird das Gesicht, am besten das Auge, dicht über den aufgeblasenen Anzug geführt. Diese Körperregion spürt sogar kleinste Luftzüge.
Wenn das Loch markiert wurde, muss der Trockentauchanzug getrocknet und der Bereich um das Loch gesäubert werden. Das ist wichtig, weil die meisten Kleber oder Dichtmittel nur auf trockenem und fettfreiem Untergrund haften. Zur Reinigung bietet sich beispielsweise eine Alkohollösung aus der Apotheke an. Kleinere Löcher werden direkt zum Beispiel mit Neoprenkleber abgedichtet. Größere Löcher werden angeraut und mit einem Flicken aus dem entsprechenden Anzugmaterial – Neopren oder Trilaminat – überklebt. Die gesamte Stelle wird anschließend mit dem Kleber abgedichtet. Grundsätzlich sollten die Klebeflächen vor dem Aufbringen der letzten Kleberschicht porenfrei sein.

Tipp

Reparaturen mit Klebern auf Urethanbasis sollten von der Innenseite des Trockentauchanzuges geschehen, da dieses Material nur noch mit Schleifmitteln oder durch Ausschneiden zu entfernen ist.

Manschettenwechsel

Manschetten werden gewechselt, indem zuerst die alte Manschette entfernt wird. Hierzu eignet sich ein Fön, der den alten Kleber aufweicht, so dass die Manschette abgezogen werden kann. Dann wird der Trockentauchanzug mittels Schleifpapier oder mit einer geeigneten Maschine von Kleberesten befreit.

Tipp

Neoprenkleber aus Urethanmischungen wird streichfähiger, wenn die Tube vor der Verarbeitung in einem Wasserbad erwärmt wird. Das Material hat eine Trocknungszeit von 36 Stunden, es gibt jedoch im Fachhandel einen Härter, der diese Zeit auf rund 20 Minuten verkürzt. Vorsicht: Beide Komponenten stehen im Verdacht, krebserregend zu sein. Deshalb dürfen diese Komponenten nur bei ausreichender Belüftung verwendet werden.

Körperfette lassen sich mit Alkohol entfernen. Anschließend wird der neue Kleber nach Herstelleranweisung aufgetragen und die neue Manschette an den Anzug angeklebt. Abgedichtet wird wieder mit einem gängigen Neoprenkleber.
So einfach, wie hier beschrieben, ist das in der Praxis allerdings nicht, da sich die Manschetten leicht wieder verschieben und Klebe- oder Dichtmittel immer zum Verschmieren neigen.
Alternativ wird vor allem bei Trilaminatanzügen kalt geklebt. Die Manschette wird angepasst und umgeschlagen. Man bringt den Zweikomponentenkleber auf Manschette und Anzug auf und lässt ihn ablüften. Die Manschette wird auf den Anzug zurückgeschlagen und danach werden mit dem Heißluftgebläse Manschette und Anzug vulkanisiert. Nach sechs Stunden sind Kleber und Material ausgehärtet, und es kann wieder getaucht werden.

Praxistipps zum Manschettentausch

- Kleber und Dichtmittel lassen sich je nach Fabrikat auch mit einem Pinsel auftragen. Dies »kleckert« nicht so wie ein Auftrag direkt aus der Tube.
- Zum Fixieren eines Ärmels kann eine Dose oder ein passendes Kunststoffrohr verwendet werden. Die Manschette wird über den fixierten Ärmel gezogen, danach wird markiert, wie weit die Manschette über den Ärmel reicht.
- Nun wird die Manschette umgeklappt und der Kleber bis zur Markierung aufgetragen.
- Danach wird die Manschette wieder zurückgeklappt und der Rand mit Kleber abgedichtet.

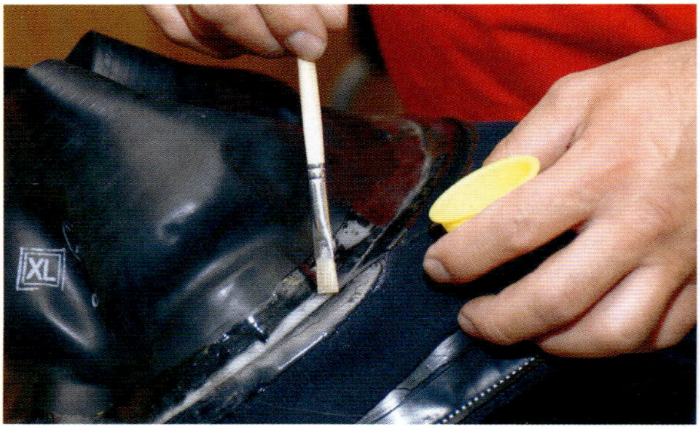

Der Kleberauftrag gelingt mit einem kleinen Pinsel sauberer und gleichmäßiger als aus der Tube.

Mit einem Locheisen passender Größe wird aus der Haut des Trockentauchanzugs ein Loch zur Aufnahme des Ventils gestanzt.

Für die Montage der Halsmanschette gibt es im Fachhandel zwei Ringe: Der eine wird auf den Anzug geklebt, der andere an die Halsmanschette. Nun müssen noch beide Ringe mit Kleber bestrichen und bündig übereinander geklebt werden, und die Halsmanschette sitzt so, wie sie soll.

Einsetzen eines Ventils

Ein weiteres Ventil, zum Beispiel das Urinalventil, wird eingesetzt, indem in das Material des Trockentauchanzuges an der gewünschten Stelle mit einem Locheisen eine exakt passende Öffnung gestanzt wird. Die übliche Position für dieses Ventil ist der rechte oder linke innere Oberschenkel. In diesen Positionen hilft die Schwerkraft, damit der Taucher auch an Land urinieren kann.
Dazu wird zunächst der Durchmesser des Befestigungsgewindes, das sich unter der Befestigungsmutter auf der Innenseite des Urinalventils befindet, vermessen. Zum Vermessen wird ein

Messschieber (Schieblehre) verwendet. Anhand der abgenommenen Maße wird ein entsprechend großes Locheisen ausgewählt. Unter die markierte Stelle, an der das Ventil eingesetzt werden soll, wird ein Holzklotz oder, besser noch, ein Küchenschneidebrett aus Teflon untergelegt bzw. in das Hosenbein eingeschoben. Damit wird vermieden, dass die Vorder- und die Rückseite des Trockentauchanzuges durchgestanzt werden. Nun wird mit einem Hammer von ca. 1000 g Gewicht auf das zuvor exakt ausgerichtete Locheisen geschlagen. Die ausgestanzte Neoprenscheibe sollte sich nun einfach abnehmen lassen. Danach wird eine Gummi- oder Kunststoffunterlegscheibe, mit dem Stanzloch bündig ausgerichtet, von außen auf den Trockentauchanzug geklebt.
Je nach Anzugmaterial und verwendetem Kleber muss die Klebestelle gepresst oder nur angedrückt werden. Nach dem Aushärten des Klebers kann das Einlassventil in die Unterlegscheibe eingesetzt und verschraubt werden.
Bei Anzugdurchführungen z. B. für Elektroheizungen oder zusätzliche Ein- oder Auslassventile wird nach dem gleichen Muster verfahren.

Tipp

Bei Neoprentrockentauchanzügen muss nach den ersten Tauchgängen die Verschraubung immer wieder nachgezogen werden. Auch das Einsetzen von zusätzlichen Ventilen sollte man einer autorisierten Werkstatt übertragen. Nach einem Selbsteinbau haftet der Hersteller nicht mehr dafür, dass der Anzug dicht ist.

Physikalische Grundlagen

Grundlage zum Verständnis der Vorgänge, die sich beim Tauchen im Trockentauchanzug abspielen, ist die Kenntnis einer Reihe von physikalischen Gesetzen.

Das Gesetz von Boyle und Mariotte (Edme Mariotte, * Dijon um 1620, † Paris 12. 05. 1684, französischer Physiker, und Robert Boyle, * Lismore, Irland 25. 01. 1627, † London 30. 12. 1691, englischer Physiker)

Das Produkt von Druck und Volumen einer abgeschlossenen Gasmenge ist bei gleich bleibender Temperatur konstant.

Das Henry'sche Gesetz (William Henry, * 12. 12. 1775, † 02. 09. 1836, englischer Chemiker)

Bei konstanter Temperatur steht die Menge des in der Flüssigkeit gelösten Gases im Sättigungszustand in direktem Verhältnis zum Druck des über der Flüssigkeit stehenden Gases.

Das Gesetz von Gay-Lussac (Joseph Louis Gay-Lussac, * 1778, † 1850, französischer Physiker und Chemiker)

Bei konstantem Volumen wächst der Druck einer gegebenen Gasmenge im gleichen Verhältnis wie die absolute Temperatur.

Das Gesetz von Dalton (John Dalton, * 06. 09. 1766, † 27. 07. 1844, englischer Lehrer)

Der Gesamtdruck eines Gases ist die Summe der Teildrücke aller beteiligten Einzelgase.

Das Gesetz von Archimedes (Archimedes, * 287 v. Chr., † 212 v. Chr., altgriechischer Mathematiker, Ingenieur und technischer Berater der Könige)

Ein in Wasser getauchter Gegenstand verliert scheinbar so viel an Gewichtskraft, wie die Masse Wasser wiegt, die er verdrängt.

Zu jedem Gasgesetz gehören Formeln und Rechenbeispiele, die während der Tauchgrundausbildung vermittelt werden und an dieser Stelle somit lediglich eine Wiederholung des Grundwissens der Anfängerkurse darstellen würden. Vor allem das Boyle-Mariotte'sche Gesetz spielt in der Praxis eine große Rolle, wie die folgenden Beispiele verdeutlichen.

Auswirkung des Boyle-Mariotte'schen Gesetzes

Ein Trockentauchanzug hat ein Innenvolumen, das sich um das Körpervolumen des Tauchers verringert. Dieses Restvolumen wird von dem benutzten Tariergas ausgefüllt.

Wird auf eine Tiefe von 10 m abgetaucht, so erhöht sich der Druck auf den Anzug um das Doppelte. Ohne den Inflator zu betätigen, reduziert sich in diesem Fall das Innenvolumen des Anzugs um die Hälfte. Mit zunehmender Tiefe wird durch den Wasserdruck das Gas im Anzug so weit zusammengedrückt, dass es zu einem Barotrauma der Haut kommen kann. Beim Trockentauchen wird das vermieden, indem der zunehmende Druck im Anzug durch Belüftung ausgeglichen wird. Das geschieht über das mit dem Inflator verbundene Einlassventil.

Im umgekehrten Fall fällt der Umgebungsdruck während des Auftauchens. Hierdurch nimmt das Innenvolumen des zuvor austarierten Trockentauchanzuges zu. Das hat zur Folge, dass sich die Aufstiegsgeschwindigkeit erhöht. Wird sie nicht kontrolliert, kann es im schlimmsten Fall zu einem Durchschießen bis an die Wasseroberfläche kommen. Zu schnelles Auftauchen bedingt außerdem die Gefahr des »Air-Trapping«, einer teilweisen Verlegung der Atemwege, die das Ausatmen behindert, und der Bildung von Gasblasen in Blut und Gewebe, der gefürchteten Dekompressionskrankheit. Das sich ausdehnende Gas wird deshalb über das Auslassventil abgegeben.

Mit einem genau passenden Trockentauchanzug kann man problemlos kopfüber abtauchen (rechte Seite).

Beim Eistauchen verhindert ein Trockentauchanzug das Auskühlen des Körpers.

Auswirkung des Gesetzes von Archimedes

Mit zu wenig Blei lässt sich nicht abtauchen, mit zu viel Blei kann kein Auftrieb erzeugt werden.

Für Trockentaucher gibt es jedoch hinsichtlich der erforderlichen Bleimenge keine besondere Faustformel, da sich die Trockentauchanzüge in ihrem Auftriebsverhalten von Materialtyp zu Materialtyp unterscheiden. Zur Bestimmung der optimalen Bleimenge empfiehlt sich daher die altbekannte Testmethode: Die Bleimenge ist richtig, wenn mit entlüftetem Anzug und Jacket sowie in eingeatmetem Zustand die Augen in Höhe der Wasserlinie bleiben. Beim Ausatmen sollte der Taucher sinken.

Die individuelle Bestimmung der Bleimenge ist auch deshalb erforderlich, weil die Dichte von Salzwasser mit dem unterschiedlichen Salzgehalt der verschiedenen Gewässer variiert. Eine einmal ermittelte Bleimenge gilt also nicht für alle Weltmeere.

Tauchmedizinische Aspekte beim Trockentauchen

Auskühlung des Körpers

Aus der wesentlich höheren Dichte des Wassers gegenüber der Luft – immerhin 800-mal mehr – resultiert die Erscheinung, dass der menschliche Körper bei gleicher Tenperatur im Wasser wesentlich schneller auskühlt als an der Luft. Diese Erscheinung wird beim Tauchen auch in warmen Gewässern mit einem Tauchanzug kompensiert. Bietet dieser unzureichenden Kälteschutz oder wird der Aufenthalt im Wasser über ein vernünftiges Maß hinaus ausgedehnt, kommt es zu Kältesymptomen.

> Friert der Taucher, erhöht sich die Atemfrequenz. Das führt letztendlich zu einem anderen Tauchgangsplan oder zu einem höheren Risiko hinsichtlich eventueller Deko- und Sicherheitsstopps.

Außerdem kommt es zu einer erhöhten Stickstoffaufnahme und einem höheren CO_2-Spiegel im Blut, der wiederum zum Essoufflement (Außer-Atem-Kommen) führt. Bei Tauchgängen mit sauerstoffangereicherten Gemischen kann das wiederum zu einer Zunahme der Oxidanzien (freie radikale Sauerstoffatome) im Blut führen.
Außer den unmittelbaren gesundheitlichen Folgen einer massiven Unterkühlung steigt noch die Gefahr einer Dekompressionserkrankung. Ursache hierfür ist, dass der Körper die lebenswichtigen inneren Organe vor Auskühlung schützen will. Dies erreicht er durch eine Engstellung der Blutgefäße in den Extremitäten,

Merke

Subjektiv wahrnehmbares Frieren muss immer als Indiz für eine verschärfte Gefahrensituation beim Tauchen gewertet werden. Denn durch das Frieren konzentriert sich die Aufmerksamkeit des Tauchers auf die Kältewahrnehmung. Damit schwindet die Wahrscheinlichkeit, dass ein aufkommendes Problem erkannt wird.
Die Auskühlung des Tauchers kann so mittelbar zum Auslöser einer Unfallkette werden, die in einem lebensgefährlichen Tauchunfall enden kann.

sobald die Körperkerntemperatur zu sinken beginnt. Schon bei einer Wassertemperatur von 27 °C, also weit diesseits der Grenze zum subjektiven Kälteempfinden, kann es zu Unterkühlungserscheinungen und somit zu der erwähnten Engstellung kommen. Nach 45 Minuten in einem 8 °C kalten See spielt sich im Körper eines Nasstauchers ein absolutes Krisenmanagement ab. Denn als Folge dieser Engstellung der Blutgefäße und der damit einhergehenden verminderten Durchblutung wird der vom Körper bereits aufgenommene Stickstoff in den Extremitäten festgehalten. Die Angaben des Tauchcomputers hinsichtlich der Entsättigungszeiten des betroffenen Körpers können diese Veränderungen nicht berücksichtigen, werden somit mehr oder minder stark von den realen Gegebenheiten abweichen.
Je nachdem, wie weit die Nullzeit ausgereizt wurde, ist folglich nach einem durchfrorenen Tauchgang die Frage nicht ganz unberechtigt, ob die tauben Beinen nun von der Kälte kommen oder erstes Symptom eines schweren Tauchunfalls mit Gasblasenbildung im zentralen Nervensystem sind.
Der Trockentaucher hat hier den großen Vorteil, dass er mit der richtigen Ausrüstung von diesem Phänomen erst viel später betroffen wird. Wer unterhalb von 20 °C Wassertemperatur Tauchgänge plant und sogar öfter am Tag ins Wasser will, sollte daher vorzugsweise einen Trockentauchanzug einpacken. Dies gilt prinzipiell auch im Sommer, zumindest wenn tiefere Gewässer aufgesucht werden. Diese lassen bei hohen Umgebungsdrücken die Materialstärke des normalen Neoprens deutlich schrumpfen. Während unterhalb der Sprungschicht immer noch 4 °C Wassertemperatur herrschen, schwindet in dem Fall die Isolationsfähigkeit und damit die Kälteschutzwirkung des Neoprens. Gerade in der warmen Jahreszeit wird diese Gefahr der Auskühlung daher oft übersehen.

Tipp

Bei frühzeitigem Belüften des Anzuges während des Abtauchens werden Barotraumata der Haut verhindert.

Barotrauma der Haut

Besonders beim Trockentauchen können Barotraumata der Haut entstehen. Sie treten während des Abtauchens an den Stellen zwischen Anzug und Haut auf. Dort ist eingeschlossene Luft vorhanden, die dann durch den höheren Umgebungsdruck einen Unterdruck erzeugt. Weiter entstehen Barotraumata bei zu geringem Druck im Anzug an den Ventilen, wenn der Unterzieher zu dünn ist oder die Ventile nicht mit Neopren unterlegt sind.

Bei zu geringem Druck im Trockentauchanzug droht ein Barotrauma der Haut, besonders im Bereich der Ventile.

Lungenüberdruck beim Trockentauchen

Die Gefährdung für ein Barotrauma der Lunge bei einem Bleiverlust ist beim Trockentauchen wesentlich höher als beim Nasstauchen. Da sich im Anzug Gas befindet, wird dieses sich beim dadurch bedingten raschen und unkontrollierten Höhersteigen weiter ausdehnen. Atmet der Taucher nun nicht extrem tief und konzentriert aus, kann es zum Lungenbarotrauma kommen. Ähnliche Gefahr droht beim Vereisen des Ventils: Durch die Luftnot kann es zu einem schnellen und unkontrollierten Aufstieg mit den beschriebenen Folgen kommen.

Selbst bei einer Rettungs- oder Wechselatmungsübung ist ein Lungenbarotrauma möglich: In dieser Stresssituation steht der Taucher unter ungeheurer Anspannung. Um sie sicher zu meistern, ist ein spezielles Training erforderlich, damit es nicht zum unkontrollierten Aufstieg mit den Folgen eines Lungenüberdruckunfalls kommt.

Tariert der Taucher in den beschriebenen Fällen sowohl mit dem Jacket als auch Anzug, wird das Luftvolumen vielleicht noch größer als zuvor beschrieben. Die Gefahr wird also noch gesteigert, wenn das Tauchen mit beiden Systemen nicht richtig beherrscht wird.

Glücklicherweise kommt es bei der richtig abgestimmten Ausrüstung und einem entsprechenden Training äußerst selten zu den oben geschilderten Gefahren.

In jedem Fall aber sollte ein erfahrener Ausbilder die ersten Tauchgänge eines Trockentauchers mit Rat und Tat begleiten.

Barorezeptoren

Die für die Blutdruckregulation zuständigen Barorezeptoren sind im Zusammenhang mit dem Trockentauchen ein wichtiges Thema.
Der Trockentauchanzug dichtet an Arm- und Halsmanschetten ab. Gerade im Halsbereich sind Menschen jedoch unterschiedlich druckempfindlich. In den meisten Fällen liegen die Halsmanschetten im Bereich der Karotis (Halsschlagader) zu eng an. Weil Barorezeptoren als Blutdruckzügler oder Dehnungsrezeptoren (Depressoren) in der Wand des Karotissinus und der Aorta lokalisiert sind, übt eine zu enge Halsmanschette unmittelbaren Einfluss auf ihre Funktion aus.
Eine kurzzeitige Blutdruckerhöhung führt zur Dehnung der Gefäßwände und Aktivierung dieser Rezeptoren über den Nervus vagus. Dieser zehnte Hirnnerv ist der größte Nerv des Parasympathikus und an der Regulation der Tätigkeit fast aller inneren Organe beteiligt. Die Folge einer kurzzeitigen Blutdruckerhöhung ist ein Blutdruckabfall.

Blutdruckregulation

Der Blutdruck muss sich in geregelten, ausgeglichenen Bahnen bewegen, denn sowohl ein zu hoher als auch ein zu niedriger Blutdruck schädigt den Organismus. Gleichzeitig muss der Blutdruck aber auch wechselnden Belastungen wie zum Beispiel einem anstrengenden Dauerlauf oder im Gegensatz dazu Ruhe und Schlaf angepasst werden.
Grundvoraussetzung jeder Blutdrucksteuerung ist, dass der Körper den Blutdruck in den Gefäßen selbst messen kann. In der Aorta, den Halsschlagadern sowie anderen großen Arterien in Brustkorb und Hals messen druckempfindliche Sinneszellen, die Barorezeptoren (siehe nächste Seite), die Dehnung der Arterien-

Merke

1. Das System der kurzfristigen Blutdruckregulation wird innerhalb von wenigen Sekunden aktiv. Wichtigster Mechanismus dabei ist der Barorezeptorenreflex.

2. Blutdruckabfall führt reflektorisch über die entsprechenden Kreislaufzentren in der Medulla oblongata zur Reizung des Sympathikus, der neben dem Parasympathikus ein Teil des vegetativen Nervensystems ist. Dadurch wird das vom Herzen ausgeworfene Blutvolumen gesteigert, zusätzlich kommt es eventuell zur Gefäßverengung in Haut, Nieren und Magen-Darm-Trakt.

3. Dehnt ein erhöhter Blutdruck die Gefäßwand, so wird umgekehrt die Sympathikusaktivität gehemmt. Im Vorhof des Herzens und der linken Herzkammer befinden sich ebenfalls Dehnungsrezeptoren, die auf vergleichbare Weise reagieren.

wand. Dehnt ein höherer Druck die Wand, so senden die Barorezeptoren verstärkt Impulse an die Medulla oblongata (syn.: »verlängertes Rückenmark«) ins Myelencephalon (Hirnstamm) aus, bei zu niedrigen Werten nimmt die Zahl der Impulse hingegen ab.

Karotissinusreflex

Der Karotissinusreflex wird häufig als die einzige oder wichtigste Gefahr der Atemkontrolle beschrieben. Dieser Reflex lässt sich durch Druck auf die Halsschlagader im Bereich der Karotisgabel auslösen. An dieser Gabelung sitzen die Barorezeptoren, die den Blutdruck messen.

Bei Druck oder Schlag auf diese Stelle senken sie Blutdruck und Pulsfrequenz, weil sie den erhöhten Blutdruck – den sie an dieser Stelle durch eine zu enge Halsmanschette als solchen wahrnehmen – fälschlich als erhöhten Blutdruck im ganzen Körper interpretieren.

Bei Menschen mit hyperaktivem Karotissinusreflex kann das sogenannte Karotissinussyndrom zu kurzer Bewusstlosigkeit und zum vorübergehenden Aussetzen des Herzschlags führen. Bei diesen Personen kann das Karotissinussyndrom unter Umständen bereits bei einer engen Halsmanschette, einem engen Kragen oder durch Drehen des Kopfes ausgelöst werden. Glücklicherweise kommt dies jedoch nur selten vor.

Die oben geschilderte Problematik, die beim Trockentauchen hauptsächlich den Halsbereich betrifft, kann zum einen durch locker, aber trotzdem dicht sitzende Halsmanschetten vermieden werden. Andererseits lässt sie sich mittels einer schnellen Überprüfung, die uns sicher anzeigt, wie unsere Barorezeptoren auf Druck und Stress reagieren, einschätzen.
Bei der Tauchsportuntersuchung wird ein herkömmliches Belastungs-EKG gemacht, mit dem man »Tendenzen«, aber keine gefährlichen Blutdruckänderungen von Herzschlag zu Herzschlag aufzeigen kann. Es gibt heute neue und einfache Messmethoden (Force®System und MedX5 Check-up), mit denen alle Blutdruckwerte für jeden einzelnen Herzschlag erfasst werden. Erst auf diese Weise kann man exakt messen, wie effizient und schnell der Kreislauf auf äußere Veränderungen reagiert, indem er den Puls und den Blutdruck entsprechend anpasst.
Was zuvor nur durch teure, zeitaufwändige und schmerzhafte Eingriffe (Herzkatheter oder arterielle Nadel) möglich war, erfolgt nun über eine Ringmanschette an zwei Fingern – vollkommen schmerzfrei, ohne Risiko und in Echtzeit.

Taucherdiurese und Nierenfunktion

Beim Tauchen verspürt man früher oder später Harndrang. Dieses Phänomen nennt man »Taucherdiurese«. Das Blutvolumen und der Flüssigkeitshaushalt werden nach den Gesetzen der Phy-

Eine gut sitzende Halsmanschette ist auch aus medizinischen Aspekten wichtig.

siologie automatisch vom Körper überwacht. Wenn das Blutvolumen abnimmt, wird Flüssigkeit nachgezogen, und der Taucher bekommt Durst. Umgekehrt wird Flüssigkeit ausgeschieden, und der Taucher verspürt Harndrang.

Wie schon in den Kapiteln Blutdruck und Barorezeptoren beschrieben, wird in den Vorhöfen des Herzens gemessen und entschieden, ob die Nierenfunktion angeregt oder vermindert wird.

Beim Tauchen ergibt sich durch die »Schwerelosigkeit« und die Lage im Wasser eine Volumenverschiebung. Beim eng anliegenden Nassanzug stellt sich diese vornehmlich im Beinbereich ein, und das Blut wird aus den Venen in Richtung Herz befördert. Die Vorhöfe werden überfordert und reagieren mit dem Befehl an die Niere, Wasser zu lassen. Zu diesem Phänomen kommt die Kälte, die der Körper mit Engstellung der Gefäße regeln will und damit weiter Blut aus den Gefäßen der Extremitäten wegbefördert. Der »Kreislauf Herz und Niere« dreht sich, und damit steigt der Flüssigkeitsverlust.

Beim Trockentauchen werden die Venen weniger komprimiert und damit die Überbelastung des Herzens vermieden.

Merke

1. Ein gut isolierender Unterzieher sorgt für entsprechende Wärme und damit für die normale Gefäßstellung des Körpers. Damit ist der Harndrang im Verhältnis zum Nasstauchen erheblich vermindert.

2. Trockene Atemluft beim Tauchen, Alkohol und Koffein leisten einer Dehydrierung ebenso Vorschub. Daher sollte vor dem Tauchen genügend getrunken werden. Trockentaucher haben genau davor manchmal Angst. Sie befürchten, dass sich vielleicht vor Ende des Tauchgangs der Harndrang einstellt.

3. Wenn bei Tauchgängen mit dem Trockentauchanzug kein Urinalkondom oder Windeln zum Einsatz kommen, sollte erst getaucht werden, wenn der Urin beim Wasserlassen klar ist.

Hitzeschäden beim Trockentauchen

Hitzeschäden können beim Trockentauchen wegen der guten Wärmeisolation, die der Trockentauchanzug bietet, durch Hyperthermie (Hitzeeinwirkung, Überwärmung) auftreten. Ist die Wärmeproduktion des Körpers größer als die Wärmeabgabe, steigt die Körpertemperatur an. Das kann beim Trockentauchen vor allem dann auftreten, wenn sich der Taucher über Wasser über eine längere Zeit in der Sonne aufhält oder sich anstrengt. Dem sich entwickelnden Wärmestau kann ein Hitzschlag folgen.

Dehydrierung (Flüssigkeitsverlust des Körpers)

Der menschliche Körper besteht zu fast 80 % aus Wasser. Ein Wasserverlust von 10 % ist bedenklich, 20 % Dehydrierung bedeutet Lebensgefahr. Im Trockentauchanzug schwitzt der Taucher je nach Dauer des Tauchgangs bis zu zwei Liter Wasser aus, die einige Zeit vor dem Tauchen zugeführt werden müssen. Die Flüssigkeitsaufnahme sollte dabei regelmäßig über einen längeren Zeitraum erfolgen.

Dekompressionskrankheit

Die Dekompressionskrankheit entsteht abhängig von den Faktoren Druck (Tiefe) und Zeit (Sättigung) durch Gasblasen in Blut und Geweben nach schneller Druckabnahme. In diesem Zusammenhang spielt der Flüssigkeitshaushalt eine entscheidende Rolle, da Stickstoffgase Flüssigkeit zum Transport im Blut brauchen. Bei mangelhaftem Flüssigkeitshaushalt wird das Blut dicker, und dieser Faktor wirkt sich ungünstig auf die Entsättigung aus.

Der Trockentaucher hat im Vergleich zum Nasstaucher den Vorteil, dass er wesentlich später friert, dadurch ruhiger atmet und dass sein Körper somit auch eine geringere Stickstoffsättigung erfährt.

Wenn also alle Routinemaßnahmen – ausgeglichener Flüssigkeitshaushalt, Einhalten der empfohlenen und vorgeschriebenen Dekompressionsmaßnahmen etc. – penibel durchgeführt werden, bietet Trockentauchen in Bezug auf die Dekompression mehr Sicherheit. Trotzdem wird nicht nur den professionell agierenden Ausbildern empfohlen, bei längeren Tauchgängen und größeren Tiefen einen Sauerstoffkoffer mit zum Tauchgewässer zu nehmen.

Tipp

Der Körper kann pro Stunde nur rund 0,8 Liter Flüssigkeit aufnehmen. Mehr wird über die Blase schnell wieder abgeführt. Taucher sollen daher rechtzeitig vor dem Tauchen und nicht erst kurze Zeit vorher viel Wasser oder verdünnte Fruchtsäfte trinken. Dadurch wird der Flüssigkeitshaushalt reguliert und eine sichere Dekompression erst möglich. Alkoholische Getränke entziehen dem Körper dagegen Flüssigkeit.

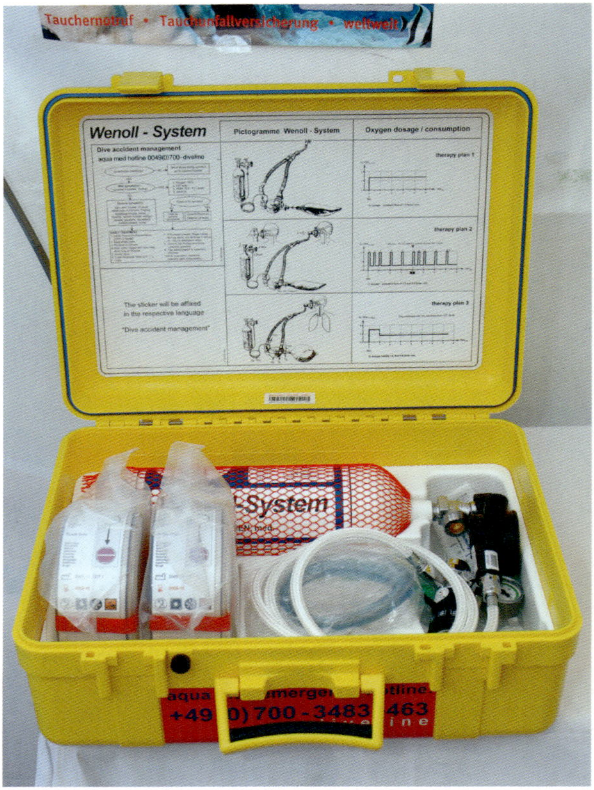

Bei allen Tauchgängen sollte der Sauerstoffkoffer für Notfallsituationen dabei sein.

Körperliche Anstrengungen

Schwitzen

Nicht immer ist der Zugang zum Tauchgewässer einfach oder der Weg vom Unkleideplatz zum Einstieg kurz. Im Idealfall wird die Ausrüstung zwar immer möglichst bis zum Wasser transportiert, und der Taucher sollte sich erst dort anziehen, damit sich nur kurze Laufwege im Trockentauchanzug mit der angelegten Ausrüstung ergeben. Aber das ist nicht immer möglich, besonders bei entlegenen Gewässern wie etwa manchen kalten Bergseen. Schnell gerät man im Trockentauchanzug unter solchen Umstän-

den ins Schwitzen und verliert auf diese Weise nicht unerheblich an Körperflüssigkeit.
Schweiß hat normalerweise die Aufgabe, den Körper zu kühlen – der Effekt eines Luftzugs auf schweißnasser Haut ist allgemein bekannt. Im abgeschlossenen Luftsystem des Trockentauchanzugs wird der Körper allerdings nicht so einfach auf diese Weise abgekühlt, schließlich fehlt der Luftaustausch. Der Trockentaucher wird wegen der mangelnden Kühlung also in der Regel auch weiterhin Schweiß absondern – und damit noch mehr Körperflüssigkeit verlieren.
Der Flüssigkeitsverlust durch die körperliche Anstrengung erhöht das Dekompressionsrisiko, wenn er nicht ausgeglichen wird respektive wenn diesem Umstand nicht bereits vorher entgegengewirkt wurde. Da der Körper nicht mehr als ungefähr 0,8 Liter Flüssigkeit pro Stunde aufnehmen kann, muss also schon beizeiten vorher ausreichend getrunken werden (siehe auch »Dehydrierung« in diesem Kapitel). Gerade beim Trockentauchen mit längeren Tauchzeiten – durch die geringere Auskühlung einer der Vorteile des Trockentauchens – fürchten einige Taucher jedoch den Harndrang. Sie trinken daher bewusst wenig, um nicht in die Verlegenheit zu kommen, in den Anzug urinieren zu müssen. Damit wird allerdings der Flüssigkeitshaushalt des Körpers aus dem Gleichgewicht gebracht.
Die einzig richtige Lösung für diese Fälle ist der Einsatz eines Urinalventils oder die Verwendung von Windeln. Das wiederum leistet einem erhöhten Dekompressionsrisiko Vorschub.

Allgemein gilt: Starkes Schwitzen im Trockentauchanzug muss vermieden werden.

Merke

1. Körperliche Anstrengungen, bei denen der Taucher ins Schwitzen kommt, sollen vor dem Tauchgang genauso vermieden werden wie zum Beispiel das Warten im geschlossenen Trockentauchanzug (etwa beim Anziehen auf den langsameren Tauchpartner).

2. Eine ausgewogene, ausreichende Flüssigkeitsaufnahme (nichtalkoholischer Getränke) ist für Trockentaucher genauso wichtig wie für Nasstaucher.

Muskelkater

Ist der Trockentaucher untrainiert oder hat er längere Zeit nicht getaucht und muss größere Anstrengungen unternehmen, um ins Wasser zu kommen, könnte ein Muskelkater die Folge sein. Die als Muskelkater bekannten Schmerzen gehen jedoch immer mit mikroskopisch feinen Schädigungen des Muskelgewebes einher. Diese wiederum sind Folgen einer Überbelastung des betroffenen Muskels, dessen Gewebe angeschwollen und dessen Durchblutung dadurch verändert ist. Das nun gestörte Stickstoff-Sättigungsverhalten kann beim Tauchen zu Problemen führen. Da Trockentaucher aufgrund der geringeren Auskühlung längere Tauchgänge als Nasstaucher durchführen können, sind sie davon durch die dabei vermehrte Sättigung besonders betroffen.

Sonstige Gesundheitsrisiken

Latexallergie

Eine häufige Allergie ist die allergische Reaktion auf Latex. Besonders medizinisches Personal ist von dieser Allergie durch die permanente Benutzung von Latexhandschuhen betroffen, aber auch bei der Benutzung von Kondomen aus Latex oder Urinalkondomen aus diesem Material kann es zu allergischen Reaktionen kommen. Erste Anzeichen für eine Kontaktallergie sind Hautveränderungen und Jucken. Latex-Allergene können auch durch die Verwendung von Talkumpuder in die Atemwege gelangen und bei allergisch reagierenden Personen zu asthmatischen Anfällen führen.

Merke

1. Bei Muskelkater infolge einer Überanstrengung sollte nicht getaucht werden. Dabei spielt es keine Rolle, ob der Muskelkater in Zusammenhang mit Tauchaktivitäten aufgetreten ist oder von anderen körperlichen Betätigungen herrührt.

2. Der Körper repariert diesen »Schaden« innerhalb weniger Tage selbst, und danach kann wieder problemlos getaucht werden. Durchtrainierte und sportliche Menschen sind für Dekompressionsunfälle im Allgemeinen weniger anfällig.

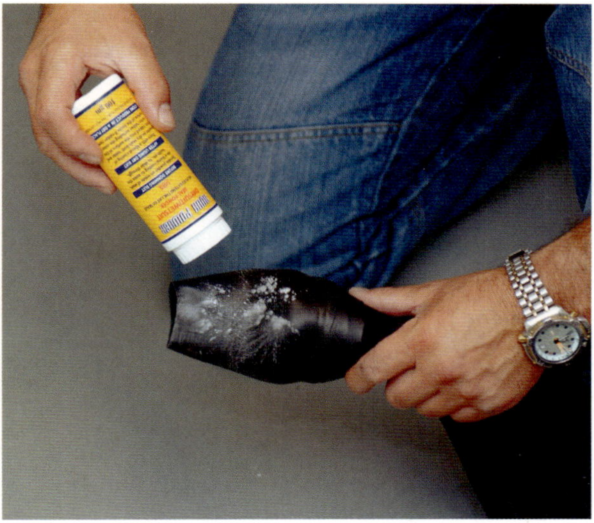

Der Umgang mit Talkum ist notwendig und sollte mit Bedacht vorgenommen werden.

Umgang mit Talkum

Speckstein oder Steatit ist ein natürlich vorkommendes Gestein mit geringer Härte. Als Talkum wird der durch Schleifen oder Feilen hergestellte feine Puder aus diesem Material bezeichnet. Talkum findet Verwendung in der Industrie, Pharmazie und bei vielen chemischen Anwendungen. Bei den Latexmanschetten soll der Puder ein Zusammenkleben verhindern und das Material vor dem schädlichen Ozon schützen.

Das Einatmen des sehr feinen Talkumstaubs sollte vermieden werden. Bei einer regelmäßigen Einatmung dieses Staubs kann es zur Bildung einer der Silikose ähnlichen Erkrankung der Atemwege kommen. Sie wird in der Medizin auch als »Talkose« bezeichnet. Die chronische Form führt wie die Silikose (Steinstaublunge) zur Invalidität und zum Tod.

Entsprechende MAK-Werte (Maximale Arbeitsplatzkonzentration) sind in der TRGS 900 (Technische Regel Gefährlicher Stoffe) festgelegt. Bei der Bepuderung von Manschetten mit Talkum sollte darauf geachtet werden, dass nicht allzu viel Staub in der Atemluft verteilt wird. Häufigere Verwendung von Talkumpuder sollte bei guter Belüftung stattfinden. Besser noch ist das Tragen einer zugelassenen Staubmaske oder das Pudern im Freien.

Tipp

Mit Klebemitteln, Puder und Stäuben sowie Aerosolen z. B. von rostlösenden Ölsprays sollte nie in geschlossenen Kellerräumen hantiert werden. Das Arbeiten im Freien oder eine zusätzliche Entlüftung ist immer vorzuziehen.

Trockentauchen ist nicht schwierig. Gleichwohl muss es in einem speziellen Kurs unter fachkundiger Anleitung erlernt werden. Die ersten Tauchgänge sind dann nur auf geringen Tiefen durchzuführen.
Der Spezialkurs Trockentauchen verlangt vom Ausbilder besondere Kenntnisse in Theorie und Praxis. Vor allem in der Praxis ist der Aufwand größer, die Aufsichtspflicht weitergehend als beim normalen Tauchen ohne Konstantvolumenanzüge. Vom Taucher werden eine fundierte Ausbildung mit entsprechenden Tauchgängen und ein wenig technisches Verständnis verlangt.

Tipp

Ringe, Ohrringe Uhren und Armbänder sollten vor dem Anziehen des Trockentauchanzuges immer abgelegt werden. Bleibt ein harter Gegenstand durch eine Unachtsamkeit an einer Dichtmanschette hängen, kann diese sofort ruiniert sein.
Die Hände rutschen besser durch die Armmanschetten, wenn diese an der Innenseite zuvor mit etwas Flüssigseife oder Shampoo bestrichen wurden.

An- und Ausziehen des Trockentauchanzugs

Bestandteil der Ausbildung zum Tauchen mit einem Trockentauchanzug ist das richtige An- und Ausziehen des jeweiligen Anzugtyps. Das Ziel ist es, die Prozedur so einfach wie möglich zu gestalten und dabei Beschädigungen an den sensiblen Stellen wie Manschetten oder Reißverschlüssen zu vermeiden. Reißverschlüsse und Manschetten werden vor dem Anziehen grundsätzlich gewachst und gepudert, weil das Material dann einfacher zu handhaben ist. Bei Schulungsanzügen sind die Manschetten in der Regel schon von der Tauchschule oder vom Ausbilder gedehnt oder gekürzt worden, so dass diese Arbeiten nicht anfallen. Bei eigenen Anzügen wird das vor dem ersten Anziehen erledigt.

Das An- und Ausziehen des Trockentauchanzuges sollte so oft geübt werden, bis es reibungslos funktioniert und jeder Handgriff sitzt. Um dabei nicht unnötig zu schwitzen, kann der Trockentauchanzug zunächst ohne Unterzieher angezogen werden.

Immer das Gleiche

Das Anziehen geschieht bei fast allen Anzugtypen auf gleiche Weise. Ausnahmen sind Anzüge mit einem Schrittreißverschluss. Dieser verläuft vom Brustbein durch den Schritt bis auf den

Hosenträger unterstützen die gute Passform eines Trockentauchanzugs.

Rücken. Ein solcher Anzug wird »von unten« durch den Schritt angezogen – dabei wird zuerst der Oberkörper angezogen und zuletzt die Beine übergestreift. Diese Art von Reißverschlussführung erfordert eine gewisse Gelenkigkeit beim Anziehen.
Bei allen anderen Trockentauchanzügen steigt man zuerst mit einem Bein nach dem anderen in das Hosenteil ein. Dazu wird das Oberteil so nach außen umgelegt, dass der gasdichte Reißverschluss dabei zu keinem Zeitpunkt geknickt wird. Wenn die Hose danach bis zum Schritt hochgezogen worden ist, können

eventuell vorhandene Hosenträger über die Schultern gestreift werden. Die Hosenträger sollen so eingestellt sein, dass die Hose im Schritt angenehm und nicht zu eng sitzt. Diese Regel gilt für alle Trockentauchanzugtypen, gleich aus welchem Material sie gefertigt sind.
Die Arme werden nie gleichzeitig in den Anzug gesteckt. Zunächst wird mit der freien Hand so in die Armmanschetten gegriffen, dass der Daumen außerhalb der Manschette bleibt. Nun wird die Manschette etwas geweitet, damit die Hand durch die Manschette gleiten kann.

Manschetten vorsichtig dehnen

Bei diagonal über die Brust verlaufenden Reißverschlüssen wird zuerst der rechte Arm in den Anzug und durch die Armmanschette geführt, danach der linke. Anschließend kann der gesamte obere Teil des Anzuges über beide Schultern gezogen werden. Bei Trockentauchanzügen mit Teleskoptorso kann nun der Torsoteil des Anzuges über den Kopf gehoben und der Kopf unter der Manschette platziert werden. Bei Anzügen ohne Teleskoptorso wird der Kopf zur Seite gelegt und dann unter Dehnen des Anzugmaterials in die Öffnung der Halsmanschette gesteckt.
Jetzt wird mit beiden Händen, die Daumen außerhalb der Manschette liegend, von oben in die Halsmanschette gegriffen und der Kopf hindurchgeschoben. Ein »Krallen« mit den Fingernägeln muss ebenso vermieden werden wie kräftiges Ziehen an den Manschetten. Das Material kann dabei einreißen.

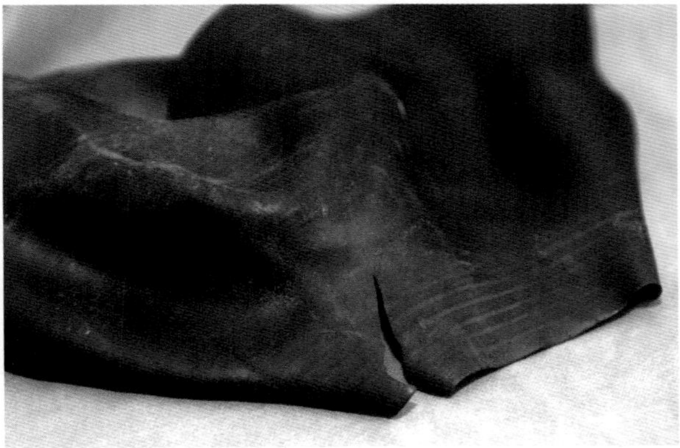

So sieht eine Halsmanschette aus, die überdehnt wurde und dabei gerissen ist.

> ## Tipp
>
> Auch das Anlegen des Trockentauchanzuges mit Unterzieher hat seine Tücken. Es muss unbedingt darauf geachtet werden, dass zu keiner Zeit Teile der Unterwäsche oder des Unterziehers in den Reißverschluss eingeklemmt werden.
> Manche Unterzieher haben Halteschlaufen am Ärmelausgang, um ein Verrutschen beim Anziehen des Anzugs zu verhindern. Die Halteschlaufen müssen nach dem Überstreifen der Armmanschetten wieder in den Trockentauchanzug zurückgezogen werden, da sonst an dieser Stelle Wasser in den Anzug eindringt.

Durch Greifen nach innen können die Manschetten ausgerichtet werden. Im Gegensatz zu Halsmanschetten aus Neopren liegen Latexmanschetten immer ganz glatt auf der Haut an und werden nicht nach innen umgeschlagen. Neoprenhalsmanschetten können umgelegt werden, indem man in den Anzug selbst greift. Einfacher ist es jedoch, wenn der Tauchpartner die Halsmanschette umlegt. Neoprenhalsmanschetten werden immer mit der glatten Seite an den Hals gelegt.
Trockentauchanzüge mit Rückenreißverschluss werden bis auf die Hüfte komplett auf links gedreht und nach dem Anlegen von Hose und Hosenträger bis zur Brust hochgezogen.

Zum Ziehen der Anzüge sollte immer die ganze Hand benutzt werden, nie die Fingerkuppen oder die Fingernägel.

Jetzt kann man mit der rechten Hand, wie zuvor beschrieben, vorsichtig durch die Armmanschette gleiten. Sind beide Arme durch die Manschetten geschlüpft, wird zuletzt der Kopf durch die Halsmanschette geschoben.
Reißverschlüsse, die waagerecht über den vorderen Torsobereich verlaufen, sind eine weitere Variante. Bei diesen Anzügen wird nach dem Schließen der gasdichte Reißverschluss zusammen mit dem überschüssigen Anzugmaterial aufgerollt. Am Ende dieser Rolle befindet sich jeweils ein Nylonband mit Fastexschnalle. Die Nylonbänder werden hinter den Körper gelegt und auf dem Bauch mit der Schnalle fixiert.

Vor dem Schließen des Trockentauchanzugs werden vorhandene Heizsysteme angeschlossen und Urinalventile gekoppelt.

Beim Schließen dürfen keine Teile des Unterziehers, der Unterwäsche oder Haare in die Zähne des Reißverschlusses gelangen. Der Teleskoptorso wird nun nach unten geschoben und mittels des durch den Schritt verlaufenden Gummibandes und der meist vorhandenen Schließschnalle fixiert.
Erst wenn das Anziehen des Trockentauchanzugs ohne Unterzieher beherrscht wird und reibungslos funktioniert, wird das Anlegen der restlichen Ausrüstung geübt. Zuerst wird der Bleigurt

angelegt, danach das fertig montierte Tauchgerät. Dabei soll das Tauchgerät so positioniert sein, dass es sicher im Stehen angelegt werden kann. Vor dem Schließen der Jacket-Bebänderung wird erst der Kupplungsschlauch durch das Armloch des Jackets zum Einlassventil geführt und angeschlossen. Jetzt wird die Jacket-Bebänderung justiert und die Verschlüsse gesichert.

Ausziehen in umgekehrter Reihenfolge

Beim Ausziehen wird immer zuerst der Kupplungsschlauch vom Einlassventil gelöst. Nach dem Ablegen des Tauchgerätes und des Bleigurtes werden ein vorhandener Schutzreißverschluss

Zum Ausziehen greift man die Halsmanschette zu beiden Seiten des Kinns.

Beim Ausziehen wird die Halsmanschette vorsichtig gedehnt und über den Kopf gestreift.

und der Trockenreißverschluss vollkommen aufgezogen. Dann wird mit beiden Händen rechts und links des Kinns in die Halsmanschette gegriffen. Die Daumen bleiben dabei außen. Die Halsmanschette wird nun gedehnt und vorsichtig über den Kopf gezogen.

Die Armmanschetten werden mit den Fingern einer Hand von außen nach innen geweitet, um die andere Hand in den Ärmel zurückzuziehen. Auch aus dem Hosenteil wird in umgekehrter Weise ausgestiegen wie beim Anziehen. Beim Aussteigen aus dem Trockentauchanzug soll auf keinen Fall auf den am Boden liegenden Anzug getreten werden. Allein durch das Körpergewicht kann bei ungünstiger Lage der Reißverschluss beschädigt werden.

Erst wenn alle mit dem Ein- und Aussteigen zusammenhängenden Handgriffe perfekt beherrscht werden, sollte das An- und Ausziehen mit der kompletten Unterwäsche und Unterziehern geübt werden.

Erreichen der Ventile

Um einen Trockentauchanzug zu tarieren und Barotraumata zu vermeiden, muss Tariergas von außen ins Anzuginnere geleitet werden. Des Weiteren dient das Tariergas auch der Isolierung gegen Kälte. Wie die Inflatoren der Tariereinheit wird das Einlassventil des Trockentauchanzugs an die Erste Stufe des Lungenautomaten angeschlossen. Ein Mitteldruckschlauch mit einer Schnellkupplung verbindet die beiden Elemente. Die Einlassventile der Trockentauchanzüge befinden sich in der Regel auf der Brustmitte. Der Einlass wird über den Druckknopf des Ventils gesteuert. Das Tariergas strömt so lange in den Anzug, wie der Knopf gedrückt wird. Um ein Barotrauma zu vermeiden, muss der Taucher jederzeit in der Lage sein, das Ventil zu betätigen. Geübt wird der Einlass mit geschlossenen Augen, und zwar so lange, bis der Taucher das Ventil zuverlässig auf Anhieb ohne Suchen findet.

Das Auslassventil befindet sich bei den meisten Anzügen auf dem linken Oberarm. Je nach Typ lässt sich das Ansprechverhalten durch Drehen einstellen. Generell wird das Ventil durch Drücken

Auch das Auslassventil muss der Taucher ohne lange zu überlegen finden und automatisch bedienen können.

geöffnet. Die Bedienung wird zunächst außerhalb des Wassers geübt. Da das Tariergas im Trockentauchanzug immer an die höchste Stelle steigt, muss zum Entlüften des Anzugs auch das Ventil an die höchste Position gebracht werden. Das geschieht durch die Lageveränderung des Tauchers im Wasser. Diese Übung muss im Wasser in einem sicheren Bereich bis zur vollkommenen Beherrschung wiederholt werden. Denn das zu schnelle Auftauchen an die Wasseroberfläche ist beim Trockentauchen schwerer wieder unter Kontrolle zu bringen als mit einem normalen Tauchanzug.

Vollautomatische Auslassventile lassen sich nur durch Lageveränderung betätigen. Sie werden daher meist nur als zusätzliche Ventile eingesetzt, zum Beispiel an Kopfhauben, Unterarmen oder Füßen.

Die Betätigung aller Ventile muss mit kompletter Ausrüstung und geschlossenen Augen bis zur sicheren Handhabung geübt werden. Erst wenn die Ventile intuitiv bedient werden, kann das Freiwasser aufgesucht werden.

Übungen fürs Hallen- oder Freibad

Konstante Wasserbedingungen für erste Übungen

Die besten Voraussetzungen für das sichere Erlernen des Trockentauchens bietet ein Hallen- oder noch besser ein Freibad mit einem 5 m tiefen Sprungturmbecken.

Die Vorteile liegen auf der Hand: Durch das klare Wasser und die Begrenzung des Beckens mit den Orientierungshilfen der Fliesen können die ersten Übungen stressfrei durchgeführt werden. Die Wassertemperatur erfordert nicht gleich den perfekten Unterzieher und ist für ein erstes Testtauchen mit einem »fremden« Anzug optimal. Allerdings sollte die Umgebungs- und Wassertemperatur im Hallenbad nicht zu hoch sein, damit die Probanden bei ihren ersten Trockentaucherfahrungen nicht zu sehr schwitzen.

Der (Trockentauch-)Schüler fühlt sich in einer solchen Umgebung sicherer, und der Ausbilder ist in der Lage, Fehler schnell zu erkennen. Er kann durch den optimalen Sichtkontakt jederzeit

Tipp

Je nach Typ fühlt sich der Mensch zunächst im Bad wohler als im begrenzten Freiwasser. Oft fallen auch die langen Fahrstrecken zum See weg, und man kann somit mehr Zeit für die Übungen verwenden.

eingreifen und ist mit seinem Schüler bei Bedarf schnell wieder aus dem Wasser.
Der Tauchlehrer hat darüber hinaus den Vorteil, dass er sich auch um mehr als einen Schüler kümmern kann. Er kann vor allem während der Betreuung einer kleinen Gruppe wesentlich besser als im Freiwasser eingreifen und korrigieren.
Die Gruppendynamik erhöht dabei den Spaßfaktor der Schüler, das Gemeinschaftsgefühl wird die ein oder andere schwierige Übung leichter machen.

Der Übungsablauf im Schwimmbad ist der gleiche wie im begrenzten Freiwasser. Nach zwei Übungseinheiten im Bad kann man daher die Ausbildung im begrenzten Freiwasser fortsetzen.

Übungen fürs begrenzte Freiwasser

Tauchgewässer

Für die erste Stunde der Trockentauchpraxis wäre ein mindestens 4 m tiefer Pool mit kaltem Wasser, etwa ein Freibad mit Sprungturm, ideal. Da diese Möglichkeit nur selten vorhanden ist, lässt sich auch ein Freigewässer mit folgenden Bedingungen auswählen:

- Das Tauchgewässer sollte auf kurzem und einfachem Weg erreichbar sein.
- Der Einstieg ins Wasser muss flach abfallend sein und festen Untergrund aufweisen, damit die ersten Einweisungen und Übungen einfach und gefahrlos ablaufen.

Die Sichtweiten im Übungsbereich sollten mindestens 4 m betragen. Das Gewässer sollte strömungsfrei und nicht tiefer als 15 m sein. Um nicht unnötig den Grund aufzuwühlen und dadurch die Sicht zu verschlechtern oder die Umwelt zu schädigen, werden nach der ersten Einheit die weiteren Übungen möglichst im freien Wasser an einer Boje durchgeführt. Eine Boje mit Tiefenmarkierungen alle 5 m hat sich als Referenz bei den Ab- und Aufstiegen bewährt. Das Seil wird mit ca 10 kg Gewicht versehen, damit es straff gespannt bleibt. Die Boje kann auch zum Bremsen gegen

Für die ersten Übungen wählt man ein ruhiges Gewässer mit flachem Ufer (rechte Seite).

Merke

1. Voraussetzungen des Tauchers
Für das Trockentauchen sind die allgemeinen Bedingungen hinsichtlich des Alters oder des Gesundheitszustands des Tauchers je nach Ausbildungsorganisation verschieden. In der Regel unterscheiden sie sich aber innerhalb der Organisation kaum von denen für einen normalen Tauchkurs. Um mit der Ausbildung beginnen zu können, ist ein gut passender Trockentauchanzug mit entsprechender Unterwäsche zwingend erforderlich.

2. Tauchlehrervoraussetzung
Generell kann jeder Tauchlehrer mit entsprechender Eignung, der das Trockentauchprogramm in Theorie und Praxis beherrscht, in dieser Materie ausbilden. Natürlich benötigt dieser Personenkreis für die Erteilung von Brevets die Anerkennung durch eine Ausbildungsorganisation der Verbände/Organisationen von CMAS oder RSTC.

Keine riskanten Übungen

In den Anfangsjahren des Sporttauchens und zum Teil bis in die frühen 1980er-Jahre gehörten bei einigen Tauchsportorganisationen Übungen zu einer Ausbildung, die mit teilweise nur schwer kalkulierbaren Risiken verbunden waren. So gehörten früher bei einigen Verbänden Aufstiege aus großen Tiefen mit entleerter Tariereinheit und ohne ihre Belüftung zum Standard. Das Atmen aus der Weste über den Inflatorschlauch ist ein weiteres Beispiel. Heute sind Tauchkurse modern gestaltet und orientieren sich an neuesten Kenntnissen. Zwar soll z. B. die Wechselatmung noch geübt werden, aber nicht unter extremen Bedingungen. Außerdem ist sie in der Regel bei den meisten Ausbildungsorganisationen nicht mehr Teil der Prüfung.

Auch beim Trockentauchen sind Übungen, die die Sicherheit gefährden, grundsätzlich zu unterlassen. Vielmehr sollte hier das Tauchen nur mit getrennten Atemreglersystemen nach EN 250 und zusätzlichem Tariersystem geübt werden. Eine Ponyflasche mit normaler Atemluft wird dann verwendet, wenn der Taucher mit einem höheren Nitroxanteil taucht. Mit der Luft der Ponyflasche wird dann der Anzug belüftet. Weitere Hinweise finden sich bei den Tauchausbildungsorganisationen respektive in deren Ausbildungsunterlagen für die Spezialbrevets Eistauchen oder Tauchen im kalten Wasser.

ein Durchschießen bei etwaiger zu großer Aufstiegsgeschwindigkeit genutzt werden. Das erhöht die Sicherheit beim Tauchen. Die Tiefenmarkierung dient zur Orientierung für den Taucher, damit er sich voll auf seinen Trockentauchanzug und die Übungen konzentrieren kann, ohne den Computer oder Tiefenmesser kontrollieren zu müssen.

Kursdauer und Kursziel

Wie lange ein Trockentauchkurs dauert, hängt allein vom Schüler ab. Der Tauchlehrer stellt dem Kursabsolventen erst dann das Zertifikat aus, wenn er sicher sein kann, dass dieser das theoretische Wissen ebenso wie das Trockentauchen beherrscht.
Als Kursziel soll der Taucher in Theorie und Praxis mit der Bedienungs- und Bewegungstechnik beim Tauchen mit Trockentauchanzügen vertraut gemacht werden sowie die Pflege des Materials kennen lernen. Dabei werden dem Taucher fundierte Theoriekenntnisse vermittelt, die ihm größeres Vertrauen ins Trockentauchen und dessen Besonderheiten geben.
Die Handhabung des Trockentauchanzugs in der Praxis ist der wichtigste und zeitaufwändigste Teil der Ausbildung. Dem Taucher wird durch die Einübung der korrekten Handhabung und spezielle Übungstechniken Sicherheit vermittelt. Die Selbsteinschätzung in Bezug auf das eigene Leistungsvermögen mit dem jeweiligen Trockentauchanzug ist ein weiteres Kursziel.

Sicheres Tauchen ist abhängig vom technisch einwandfreien Zustand der Tauchausrüstung.

Auch für den Trockentauchanzug ist das eine Grundvoraussetzung. Dem Schüler müssen diese Zusammenhänge im Kurs eindeutig vermittelt werden. Wichtig ist dabei auch, dass der Taucher erkennt, wo seine Grenzen liegen, welche technischen Maßnahmen er selbst vornehmen darf und welche dem zertifizierten oder autorisierten Fachhändler vorbehalten bleiben müssen.
Nach Abschluss der Ausbildung sollen die Teilnehmer beim ggf. anstehenden Kauf eines Anzuges entscheidungsfähig sein. Während der ersten Tauchgänge muss der Schüler in der Lage sein, sich in seinen Anzug »hineinzutauchen«, ihn in seinem bauartspezifischen Verhalten zu erkunden und auch in Stresssituationen sicher damit zu tauchen.

Grundsätzliches vor der Praxis

Der Anzug

Grundsätzlich sollte der Anzug nicht zu groß sein. Für einen Anzug mit einem unnötig großen Volumen benötigt der Taucher wesentlich mehr Blei. Viel Blei hat beim Tauchen, Schwimmen und Laufen nur Nachteile: Es kostet Kraft, und der Taucher kommt leicht ins Schwitzen.
Mit dicker Unterwäsche muss sich der Taucher noch so bewegen können, dass ein leichtes Hocken und leichte Armbewegungen möglich sind. Dies gilt generell für alle Typen von Anzügen.

Umgang mit Ein- und Auslassventil

Jeder Trockentauchanzug hat ein Einlass- und mindestens ein Auslassventil. Die Ventile sind an allgemeingültig festgelegten Punkten angebracht. Heute wird zu 90 % und mehr nur noch mit sog. Jackets in Westenform als Tariereinheit getaucht. Tarierkragen, die latzähnlich vor der Brust getragen werden, kommen kaum noch zum Einsatz. Aus diesem Grund ist das Einlassventil mittig auf der Brust angeordnet, und der Taucher hat beim Tragen des Jackets schnellen und einfachen Zugriff. Wird doch noch mit der Taucherweste getaucht, sollte das Ventil seitlich angebracht sein.
Der Trockentauchanzug muss nicht notwendigerweise mit Luft aufgeblasen werden, auch andere Gase eignen sich dazu. Die Vorteile der Belüftung und damit des konstanten Innenvolumens liegen zum einen in der Isolierung gegen Kälte. Zum anderen wird die Entwicklung eines Barotraumas der Haut vermieden. Der richtige Unterzieher spielt in diesem Punkt jedoch eine weitere entscheidende Rolle. Außerdem wird der beim Abtauchen entstehende Auftriebsverlust beim Neoprenanzug durch die Gasrespektive Luftzufuhr ausgeglichen. Der Anzug sollte jedoch nicht die komplette Funktion der Tariereinheit übernehmen.
Das Auslassventil muss am höchsten Punkt angebracht werden, damit beim Auftauchen das Tariergas entweichen kann. Es sollte mit einem verstellbaren automatisch reagierenden Überdruckventil ausgestattet sein. Das stufenlose Ventil wird vor dem Abtauchen ganz aufgedreht und danach nach Bedarf etwas zugedreht. An der Oberfläche wird das Ventil beim Schwimmen geschlossen, damit das isolierende Gas im Anzug gehalten wird.

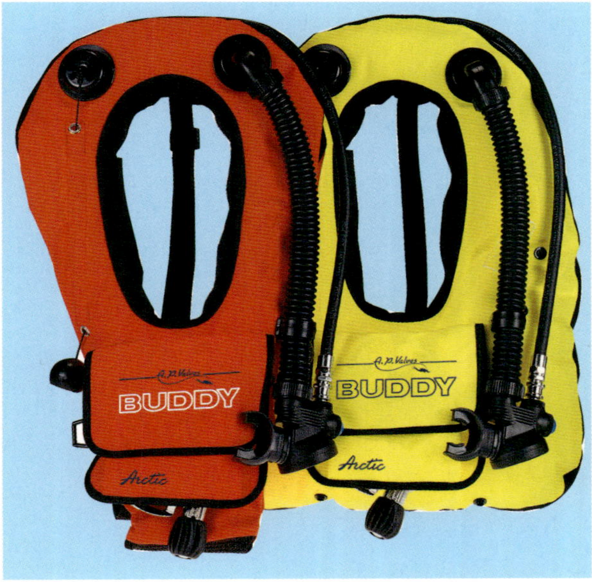

Beim Trockentauchen mit der Taucherweste muss ggf. der Sitz des Einlassventils verändert werden.

Beim Auftauchen muss dagegen überschüssiges Gas entweichen können. Die meisten Trockentauchanzüge haben ein Automatikventil, das bei einem Aufstieg bis ca. 14 m/sec die Luft abgibt. Wird diese Geschwindigkeit überschritten, muss der Taucher das Ventil mit der Hand betätigen oder auf andere Weise einen Notstopp einleiten.

Atemregler

Der Atemregler spielt speziell beim Trockentauchen eine sehr wichtige Rolle. Er muss nach EN 250 kaltwassertauglich sein (siehe Gebrauchsanleitung des Atemreglers und des Trockentauchanzuges). Generell sind membrangesteuerte oder gekapselte kolbengesteuerte Atemregler zu empfehlen.
In jedem Fall sind zwei getrennte Atemregler an separat abzusperrenden Ventilen anzuschließen. Jeder der beiden Atemregler muss mit einer eigenen Warneinrichtung (Finimeter, luftintegrierter Computer oder Reserveschaltung) ausgestattet sein.
Die Mitteldruckschläuche zum Jacket und zum Einlassventil des Trockentauchanzugs sind getrennt an den beiden ersten Stufen

Merke

1. Abtauchen
Mit zunehmender Wassertiefe wird die Luft oder das Tariergas im Anzug komprimiert. Um die Isolierung wieder herzustellen, vor allem aber auch, um den entstehenden Abtrieb auszugleichen, wird es erforderlich, den Anzug über das Einlassventil nachzutarieren. Dieser Vorgang ist unabhängig davon, ob es sich um einen Gewebeanzug oder um einen Neoprentrockentauchanzug handelt.

2. Auftauchen
Wegen der damit verbundenen Druckabnahme muss das während des Abtauchens eingelassene Gas über das Auslassventil rechtzeitig und wohldosiert wieder abgelassen werden. Sonst kommt es zum unkontrolliert schnellen Aufstieg und möglicherweise gar zum Durchschießen bis zur Oberfläche. Diesen Vorgang gilt es unbedingt zu verhindern. Damit verbunden ist mindestens die Bildung von Mikrobläschen in Blut und Gewebe, wenn nicht sogar Symptome der Dekompressionskrankheit. Außerdem besteht die Gefahr einer Lungenüberdehnung.

anzubringen. Die Schläuche müssen so lang sein, dass sich der Taucher ausreichend bewegen kann (siehe Gebrauchsanleitung des Herstellers, wie lang ein Mitteldruckschlauch sein darf).

Vorsicht, Vereisungsgefahr!

Tauchen in kaltem Wasser kann bestimmte Gefahren mit sich bringen. In diesem Zusammenhang kommt der Vereisung des Atemreglers besondere Bedeutung zu. Da in vielen Fällen eine Fehlfunktion des benutzten Atemreglers auf eine Blockierung durch Eisbildung zurückzuführen ist, sind vorbeugend bestimmte Schutzmaßnahmen durchzuführen. Das physikalisch begründete Problem der Vereisung ist keineswegs von den Temperaturen der Luft abhängig.

Ein immer noch weit verbreiteter Irrtum ist, dass sich eine Vereisung der Ersten oder Zweiten Stufe des Atemreglers nur beim Eistauchen einstellen kann.

Tatsache ist dagegen vielmehr, dass diese Erscheinung nicht nur im Winter oder in Gewässern kälterer Zonen auftreten kann, sondern auch im Sommer oder im vermeintlich »warmen« Wasser.

Auch wenn an der Oberfläche Wassertemperaturen herrschen, die zum Baden einladen, können ab bestimmten Tiefen, die vom Sporttaucher aufgesucht werden, Wassertemperaturen von + 4 °C bis +10 °C anzutreffen sein.
Als Ursache für Funktionsstörungen an einem Atemregler während eines Tauchgangs in kaltem Wasser kommen folgende Faktoren in Frage:

- Inneres Vereisen der Ersten Stufe aufgrund von Feuchtigkeit im Atemgasbehälter oder der Ersten Stufe. Feuchtigkeit gelangt dabei bereits vorher in die Tauchflasche, zum Beispiel durch nicht ausreichend gewartete Filter des Atemluftkompressors oder aufgrund falscher Handhabung des gesamten Tauchgerätes sowie des Atemreglers.
- Ein nicht richtig verschlossener Atemregler an der Ersten Stufe (DIN- oder INT-Anschluss) oder eine offene Zweite Stufe in einer nassen Tauchtasche. Beide Fälle können sehr schnell zu Feuchtigkeit im Atemreglersystem führen und somit während des Tauchgangs Vereisungen nach sich ziehen.
- Eisbildung an der Zweiten Stufe des Atemreglers. Sie entsteht durch Lagern des feuchten Atemreglers bei Minusgraden,

Zwei getrennte Atemregler an separat abzusperrenden Ventilen

Schwimmen mit dem Gerät an der Wasseroberfläche bei Minusgraden oder Montage nasser Baugruppen (Flaschenpaket-Atemregler) bei Minusgraden. Durch die Eisbildung kann in der Zweiten Stufe der Kipphebel den Ventilkolben blockieren. Dies passiert sehr oft bei injektorgesteuerten Automaten, mit denen eine Wechselatmung durchgeführt wird. Ein Abblasen von wenigen Sekunden kann den Automaten zum Vereisen bringen.

Moderne Tauchkompressoren, die Luft nach der DIN-Norm EN 12021 erzeugen, rechts ein stationäres, auf der rechten Seite ein mobiles Gerät

- Äußere Vereisung des Druckminderers (Erste Stufe). Als Ursache hierfür kommt eine Eisbildung im Steuerraum (Federkammer) des Druckminderers in Frage. Diese wird hervorgerufen durch das kalte Wasser und die hohen Strömungsgeschwindigkeiten im Automaten. Dadurch bilden sich Eiskristalle zwischen Kolben und Gehäuse und setzen diesen im offenen Zustand fest. Der Automat bläst jetzt unaufhaltsam in die Zweite Stufe ab.
- Funktionsstörungen an einem Atemregler. Um diese Ursachen für Funktionsstörungen an einem Atemregler zu verhindern, sollte sich der Taucher vergewissern, dass an der Füllstation Druckluft nach DIN/EN 12021 erzeugt wird. Moderne Kompressoren erzeugen Luft nach dieser Norm.

Taucher, die nicht nur in den Tropen tauchen, sollten membrangesteuerte Automaten verwenden.

Bei diesen Atemreglern kommt zumindest die Steuermechanik in der Ersten Stufe nicht unmittelbar mit dem Wasser in Kontakt.

Weil diese Mechanik meist noch in ein den Druck weitergebendes, flüssiges Medium eingebettet ist, ergibt sich gegenüber kolbengesteuerten Automaten eine deutlich geringere Gefahr der Eisbildung. Ganz auszuschließen ist diese jedoch auch bei membrangesteuerten Automaten nicht.

Tarierjacket

Da heute überwiegend mit einer Tariereinheit getaucht wird, erübrigen sich an dieser Stelle die Diskussionen über das Tauchen mit oder ohne Jacket beim Trockentauchen. Das Jacket hat beim Trockentauchen mehrere Funktionen. Es übernimmt in luftleerem Zustand die Funktion einer Tragschale oder Bebänderung für den Atemgasbehälter (Tauchgerät). An der Wasseroberfläche dient es als Schwimmhilfe. Bei größeren Strecken an der Oberfläche wird die Luft bis auf ein Minimum aus dem Trockentauchanzug abgelassen, um die Wärme zu erhalten und die Dichtigkeit zu gewährleisten. Daneben wird mit dem Jacket nottariert, wenn der Trockentauchanzug beschädigt ist, aus anderen Gründen Luft verliert oder Wasser in den Anzug eindringt. Bei extremen Tauchgängen wird außerdem zusätzlich mit dem Jacket tariert, damit der Innendruck im Anzug reduziert und der Wasserwiderstand gering gehalten wird.

Das Volumen des Jackets wird in Liter (l) angegeben und sollte dem Gewicht des Tauchers angepasst sein. Volumenrichtwerte für die Jacket-Größen sind:
XS = mindestens 10 l
S = mindestens 13 l
M = mindestens 15 l
L = mindestens 18 l
XL = mindestens 20 l

Die richtige Bleimenge

Der Komfort während des Tauchgangs ist entscheidend von der optimalen Bleimenge abhängig. Je weniger Luft (Druck) der Taucher im Anzug hat, desto wenig Blei muss er verwenden. Die erforderliche Menge lässt sich vom Trockentaucher relativ einfach ermitteln: Zunächst werden der Bleigurt oder die integrierten Bleitaschen des Jackets mit der geschätzten benötigten Blei-

Beim Eistauchen sind das perfekte Tarieren und die richtige Menge Blei unerlässlich. (Foto: R. Krebs)

Merke

1. Eine falsche Bleimenge birgt Gefahren! Eine zu geringe Menge verschlechtert nicht nur die Isolierwirkung des Anzugs, sondern vergrößert die Gefahr, dass sich der Taucher mit seinem leer geatmeten Tauchgerät am Ende des Tauchgangs im Bereich von 5 m Wassertiefe nicht mehr halten kann.

2. Eine Überbleiung kann auch nicht empfohlen werden, da sich diese leicht in Form von Luftpolstern manifestiert, die sich im Anzuginneren je nach Körperlage von einer Stelle zu einer anderen bewegen würden. Solche Luftpolster können im Extremfall dazu führen, dass der nicht gesondert zu entlüftende Beinbereich des Anzugs den Taucher nach oben zieht. Durch die Expansion der Luft verstärkt sich dieser Effekt beim Aufstieg stetig und ist dann eventuell nicht mehr zu kontrollieren. Als Folge findet der Aufstieg ungebremst bis zum Durchschießen an der Oberfläche statt.

menge bestückt. Bleigurt, integrierte Bleisysteme in Tariereinheiten oder Bleischultertragesystem werden dafür zunächst wie folgt ausgerüstet: Bei einem Neoprenanzug werden pro kg Körpergewicht ca. 0,1 kg Blei eingesetzt. Mit einem Gewebeanzug sollten pro kg Körpergewicht ca. 0,075 kg Blei verwendet werden. Nach den ersten Übungen kann man das Bleigewicht meistens noch reduzieren.

Nun wird der Anzug übergestreift, der Reißverschluss geschlossen und das Auslassventil ganz aufgedreht. Der Taucher geht danach in die Hocke, kreuzt die Arme vor dem Körper und drückt die gesamte Luft aus dem Anzug über die Halsmanschette oder das Ventil heraus. Der Anzug darf in Hockstellung nicht spannen, und die Arme muss man ebenfalls bequem vor dem Körper verschränken können. Wenn sich der Taucher jetzt aufrichtet, ist im Anzug nahezu ein Vakuum entstanden, und die Außenhaut saugt sich buchstäblich am Körper fest. Nur so wird erreicht, dass der Anzug keine unnötige Luft enthält und die Bleimenge möglichst gering gehalten werden kann.

Der Taucher legt nach der eben beschriebenen Entlüftung des Anzugs seine restliche Tauchausrüstung komplett an und geht ins Wasser. An der Wasseroberfläche wird alle Luft aus dem Tarierjacket gelassen. Jetzt atmet der Taucher tief ein und hält die Luft an. Bei richtiger Bleimenge und luftleerem Anzug muss in

Merke

1. Die Anordnung der Bleigewichte auf einem Bleigurt sollte so vorgenommen werden, dass der Taucher hinten und vorne den gleichen Abbeziehungsweise Auftrieb hat. Je nach Tauchflaschengröße und Form der Tariereinheit wird die Positionierung unterschiedlich sein. In den meisten Fällen bedeutet es jedoch, dass das Blei vorne seitlich angeordnet sein wird.

2. Die richtige Positionierung des Bleis ist dann gefunden, wenn der Taucher jede gewünschte Lage einnehmen und halten kann.

3. Fußgewichte sind für den Anfänger bei den ersten Übungen dann von Vorteil, wenn mit einem nicht genau passenden Anzug oder zu flexiblen Füßlingen getaucht wird. Beim späteren Tauchen mit entsprechender Erfahrung und richtiger Ausrüstung sind Fußgewichte aber eher hinderlich.

Merke

1. Beim Technischen Tauchen wird zuweilen Argon zur Anzugtarierung eingesetzt. Dieses Gas hat eine erheblich geringere Wärmeleitfähigkeit als Luft.

2. Hierzu muss der Anzug aus einer Ponyflasche separat versorgt werden. Ein spezieller Druckminderer mit Überdruckventil und einem speziellen Anschlussgewinde ist technisch notwendig und außerdem gesetzlich vorgeschrieben.

3. Die Verwendung von Corgon oder Krisal (Gase zum Schutzgasschweißen), ist nicht sinnvoll, da es aufgrund des CO_2-Anteils dieser Gase im Kontakt mit Körperschweiß zu Hautverätzungen kommt.

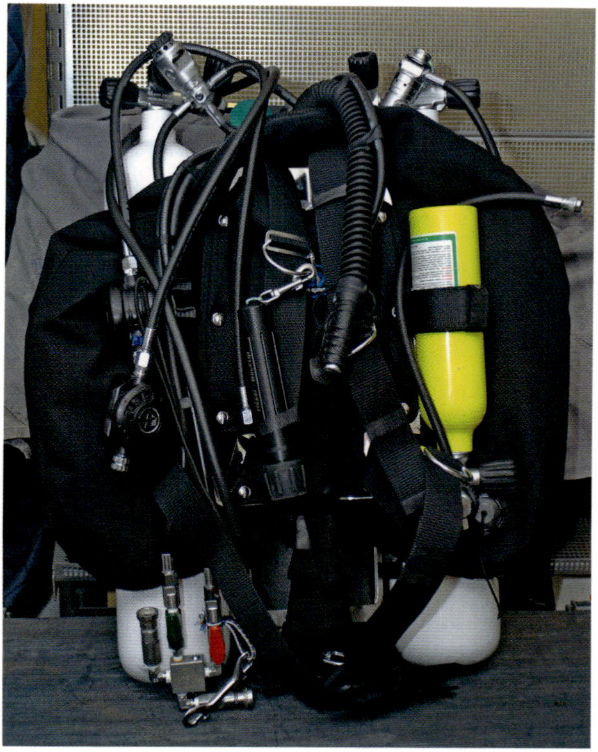

Geräte-Konfiguration mit Ponyflasche für Tariergas

Tipp

Nitrox eignet sich aufgrund der Brandgefahr grundsätzlich nicht als Gas zum Tarieren. Es sei explizit darauf hingewiesen, dass damit akute Gefahrensituationen provoziert werden. Baumwolle brennt zum Beispiel in einer 40-prozentigen Sauerstoffatmosphäre achtmal so gut wie an normaler Luft. Aus dem Grund wird zum Tarieren eine Ponyflasche mit normaler Atemluft verwendet, wenn der Taucher mit einem höheren Nitroxgemisch taucht. Der Trockentauchanzug wird dann mit Gas aus der Ponyflasche belüftet.

diesem Zustand der Wasserspiegel zwischen Mund und Augen stehen.

Weil unter Wasser für eine Kälteisolierung Luft oder Gas in den Anzug gelassen wird, muss der dadurch bedingte Auftrieb wieder ausgeglichen werden. Je mehr Gas für die Isolierung zum Einsatz kommt, desto mehr zusätzliches Blei muss mitgenommen werden.

Letzte Vorbereitungen

Ausrüstungskontrolle und Tauchgangsbesprechung

Am Tauchplatz ist die gesamte Technik zu montieren und zu überprüfen. Besondere Aufmerksamkeit ist beim Trockentauchen den Manschetten, den Ventilen und dem Reißverschluss zu widmen. Eventuelle Zusatzausrüstung wie Bojen und ähnliches Zubehör muss am Tauchplatz zur Verfügung stehen und ist ebenfalls zu überprüfen. Die Ergebnisse der Vorbereitung werden im Falle einer Unregelmäßigkeit, etwa bei Tauchunfällen oder anderen Besonderheiten, bei der Tauchgangsnachbesprechung vorgetragen.

Der Taucher wird unmittelbar am Gewässer über folgende Dinge informiert: Über die Gewässerbeschaffenheit hinsichtlich des Untergrunds, die zu erwartenden Sichtverhältnisse, die voraussichtliche Temperatur sowie gewässerspezifische Besonderheiten. Abschließend müssen auch die Organisation und der Ablauf einer Rettungskette am Tauchplatz besprochen werden.

Als Teilnehmer eines Kurses hat der Taucher in der Theorie die Besonderheiten des Trockentauchens erlernt und wird vom Ausbilder vor dem Tauchgang nochmals stichpunktartig auf das Wichtigste hingewiesen. Dazu gehören insbesondere der Ablauf der Übungen, die geplante Tauchtiefe, die Tauchzeit und der zu erwartende Luftverbrauch. Hier sei erwähnt, dass beim Trockentauchen in der Regel durch die Anzugtarierung etwas mehr Luft benötigt wird. Abschließend werden alle Unterwasserzeichen besprochen.

Bei individuellen Tauchgängen werden prinzipiell dieselben Punkte besprochen. Außerdem wird festgelegt, ob und von wem eine Tauchgruppe geführt werden soll.

Vor dem Tauchgang wird die gesamte Technik überprüft und der Tauchgang besprochen.

Anlegen der kompletten Ausrüstung mit Check

Der Trockentauchanzug wird angezogen und entlüftet. Danach wird das Jacket mit dem Atemgasbehälter angelegt und die Instrumente und das Tauchmesser werden gesichert. Falls die geplante Bleimenge nicht ausreichen sollte, können noch 2 bis 4 kg als Reserve ans Ufer oder in die mitgeführte Boje gelegt werden. Zuletzt werden Flossen, Maske und Handschuhe angelegt und die Lampe und Boje mitgenommen.

Einstieg und letzte Maßnahmen an der Wasseroberfläche

Am Anfang der Übungen mit einem Trockentauchanzug kann eine Leine in direkter Nähe des Probanden die Situation erleichtern. In diesem Fall ist eine Markierungsboje mit einer Leine von 8 bis 10 mm Stärke und 10 kg Grundgewicht ideal. Die Boje selbst ist mit der Flagge A (Taucherflagge) zu versehen. Die Boje sollte so beschaffen sein, dass man Gegenstände wie Blei ablegen kann, da bei den Übungen versucht werden soll, mit so wenig Blei wie möglich zu tauchen.

Alle 5 m kann man auf weißen Plastikschildern Meterzahlen als Tiefenreferenzen anbringen. Das erleichtert die Übungen, weil der Tauchschüler so bessere Anhaltspunkte hat und sich mehr auf die Übungen konzentrieren kann.
Bei den ersten Tauchgängen mit einem Trockentauchanzug sollte ein fester und leicht abfallender Untergrund gewählt werden. Die Taucher gehen zunächst nur bis zum Hals ins Wasser. Jetzt wird über den Inflator etwas Luft in den Anzug gelassen. Das Jacket wird zunächst nicht benutzt, es ist vollkommen entlüftet. So bekommt der Taucher das erste Gefühl für den Innendruck seines Anzugs und nach dem Abtauchen für die Schwimmlage im Wasser. In diesem Zustand darf man allerdings nicht absinken. Noch immer an der Oberfläche, atmet der Tauchschüler nun ein und hält die Luft an. Jetzt wird das Auslassventil am linken Oberarm gegen den Uhrzeigersinn ganz geöffnet, so dass alle Luft aus dem Anzug entweichen kann. Richtig bebleit und ohne Flossenschlag muss jetzt der Wasserspiegel zwischen Mund und Auge stehen, wenn die Lunge voll Luft ist. Steht der Wasserspiegel über den Augen oder sinkt der Taucher sogar schon mit voller Lunge ab, muss Blei reduziert werden. Steht der Wasserspiegel unter dem Mund, wird mehr Blei aufgerüstet.

Merke

1. Der abschließende Check vor dem Trockentauchen ist auch für erfahrene Taucher sehr wichtig. Die Tauchpartner überprüfen gegenseitig die Manschetten, alle Ausrüstungsgegenstände, kontrollieren den Luftvorrat und ob das Ventil des Partners richtig aufgedreht ist. Mit diesem Check führen sich die Tauchpartner jedoch vor allem noch einmal die Besonderheiten der Trockentauchausrüstung ihres Gegenübers vor Augen.

2. Jeder Taucher muss genau wissen, wo sich beim Partner folgende Dinge befinden: der Inflator der Tariereinheit und der des Trockentauchanzugs, Auslassventile des Jackets und des Trockentauchanzugs, Zweitautomaten oder Oktopus, Finimeter und Bleigurtverschluss.

3. Jeder Partner muss wissen, wie bei anderen ein eventuelles Entriegelungssystem integrierter Bleitaschen funktioniert. Neben der Position der Ausrüstungsteile wird auch die Funktion der Ventile geprüft.

Übungen für Anfänger

Abtauchen und Körperlage (erster Tauchgang)

Der Taucher atmet nun langsam aus und sinkt in aufrechter Position. Er beginnt erst auf ca. 2 m Tiefe ruhig und gleichmäßig zu atmen. Nun wird mit geringer Luftmenge im Anzug tariert. Die Luft im Anzug bildet dabei ein komfortables Luftpolster. Die Körperlage ist zunächst immer mit höherem Kopf und tiefer liegenden Beinen einzuhalten.
Beim langsamen Abtauchen macht sich die Volumenreduzierung im Anzuginneren auf der Haut bemerkbar. Über den Inflator wird deswegen weitere Luft in den Anzug gelassen, bis der Schwebezustand erreicht ist. Wird die Tauchtiefe langsam wieder verringert, entweicht die überschüssige Luft aus dem exakt eingestellten Auslassventil.
In den ersten Minuten kann sich der Trockentauchschüler auf diese Weise sehr schnell mit seinem Anzug vertraut machen. Das Gefühl der wohligen Wärme im trockenen Anzug sollte nach diesen einführenden und grundlegenden Übungen während des ersten Trockentauchgangs allerdings keine Selbstüberschätzung hervorrufen.

Die richtige Positionierung des Auslassventils ermöglicht das problemlose Ablassen des Tariergases.

Tarieren in verschiedenen Tiefen (zweiter Tauchgang)

Nachdem sich der Taucher an den neuen Anzug etwas gewöhnt hat, werden mit rund 10 bis 20 m etwas größere Tiefen aufgesucht. Dort wird zur Übung in verschiedenen Profilen unter Berücksichtigung der empfohlenen Aufstiegsgeschwindigkeit auf- und abgetaucht.

Aufstiegsübungen mit und ohne Flossenschlag (dritter Tauchgang)

Beim Auftauchen bestimmt das exakt eingestellte Auslassventil die Geschwindigkeit des Aufstiegs. Das Ziel der nachfolgend beschriebenen Übung ist die Kontrolle der Aufstiegsgeschwindigkeit mit Hilfe der Oberarmstellung bei einem exakt eingestellten Auslassventil. Aus ungefähr 10 m Tiefe sollte nach ein paar Übungen in der vorgeschriebenen Auftauchgeschwindigkeit von rund 6 m/sec auch ohne Flossenschlag aufgetaucht werden können. Bei allen Übungen ist eine Schräglage (annähernd 30 bis 45 Grad) angebracht, um genügend Körperkontrolle zu bekommen.
Mit einer waagerechten Oberarmstellung steigt der Taucher mit einer Geschwindigkeit von etwa 10 m/min auf. Wird der Oberarm nach oben gehalten, entweicht mehr Luft, und der Aufstieg wird gestoppt. Bei der Oberarmstellung nach unten bleibt die Luft im oberen und hinteren Anzugteil, und der Taucher steigt schneller. Ist der Aufstieg zu schnell, muss der linke Arm nach oben gehalten werden. Wird der Aufstieg dadurch nicht gebremst, wird mit der rechten Hand der Schnellablass im Auslassventil durch Knopfdruck betätigt. Dies sollte jedoch immer nur eine Notlösung sein.

Kopfstand-Wende-Aufstieg (vierter Tauchgang)

Wenn der Taucher bis hierher ein gewisses Maß an Sicherheit im Umgang mit dem Trockentauchanzug gewonnen hat, kann diese Übung durchgeführt werden. Dabei lernt er das unterschiedliche Verhalten des Trocken- im Vergleich zum Nasstauchanzug kennen. Da sich bei einer Kopftieflage die Druckverhältnisse an den Manschetten und in den Füßen verändern, muss der Trockentaucher in der Lage sein, diese Situation zu meistern. In der Praxis bedeutet das, dass er lernt, ohne Probleme wieder in die normale Tauchlage zu kommen.

Tipp

Bei dieser Übung muss grundsätzlich darauf geachtet werden, dass erst begonnen wird, wenn bereits eine optimale Tarierung hergestellt ist.

Beim zweiten Tauchgang wird das Auf- und Abtauchen in geringen Tiefen geübt.

Bei der Übung, aus einem Kopfstand wieder in eine normale Lage zu kommen, zieht der Taucher die Beine an, um die Luft im Anzug an eine andere Stelle zu lenken. Danach ist es relativ einfach, aus der Hockstellung heraus wieder eine normale Schwimmlage einzunehmen. In diesem Zusammenhang ist wichtig, dass ein Fersenbandstopper an den Füßlingen vorhanden ist, damit das Fersenband nicht vom Fuß rutschen kann.
Diese Übung kann auch nur dann durchgeführt werden, wenn der Anzug optimal sitzt. Es ist besonders wichtig, dass die Beinlänge und die Größe der Füßling passen. Der Beinschnitt sollte möglichst schmal sein. Nur so ist gewährleistet, dass nicht zu viel Luft in den Fuß aufsteigt.

Sicherheitsstopp und Notstopp (vierter Tauchgang)

Als letzte Übungen im vierten Tauchgang sollten der Sicherheits- und der Notstopp geübt werden. Der Taucher stoppt nach dem Aufstieg auf 6 m und 3 m und simuliert hier jeweils 2 Minuten die Stopps.
Bei der Übung des Notstopps muss überschüssige Luft, die auf normalem Weg über das Ventil nicht schnell genug aus dem

Der Kopfstand-Wende-Aufstieg gehört zum Programm des vierten Tauchgangs.

Tipp

Für die beschriebenen Luftauslassübungen gibt es keine Alternative. Der Versuch, den Inflatorschlauch vom Einlassventil zu trennen oder mit Handschuhen so in die Halsmanschette zu greifen, dass die Luft entweicht, gestaltet sich äußerst schwierig. Wenn der Luftablass auf diese Weise dennoch gelingt, ist er meist mit sehr viel Wassereinbruch verbunden und kann zu weiteren schwerwiegenden Problemen führen.

Anzug entweichen kann, über die Halsmanschette, Armmanschette oder ein zusätzliches Unterarmventil entweichen können. Bei dieser Übung simuliert man einen schnellen, ungewollten Aufstieg mit zu viel Luft im Anzug. Die drei Übungsteile für den schnellen Luftablass gestalten sich folgendermaßen:

Luftablass über die Halsmanschette

Dies geht nur mit einer hoch stehenden Latex- oder Neoprenmanschette, die relativ locker sitzen muss (siehe auch Kapitel Medizin). Der Notstopp wird eingeleitet, indem man sich leicht nach hinten legt, die Arme vor den Körper nimmt und damit die

Zum Luftablass über die Halsmanschette legt sich der Taucher leicht nach hinten (1), nimmt die Arme vor den Körper (2) und legt den Kopf in den Nacken, so dass die Luft durch die Halsmanschette entweichen kann (3).

Luft aus dem hinteren Anzugteil auf die Brust bringt. Das Kinn ist auf den Anzug gelegt. Will man nun stoppen, so geht der Kopf in den Nacken und die gesamte Luft entweicht aus dem Anzug über die Halsmanschette, ohne dass der Taucher nass wird.

Luftablass über die Armmanschette

Diese Übung kann nur dann durchgeführt werden, wenn mit Nasshandschuhen getaucht wird. Der Nasshandschuh sollte eine glatte Außenmanschette haben, auf die die Armmanschette des Anzuges gelegt wird. In der Notsituation wird der Arm gehoben, und die Luft entweicht über den Handschuh.

Luftablass über zusätzliche Armventile

Dies ist die Lösung für einen Anzug, der mit umgeschlagenen Manschetten und Trockenhandschuhsystem getaucht wird. Nachteil ist dabei, dass über die zusätzlichen Ventile unter Umständen nicht genug Luft entweichen kann.

Schwimmen und Transport an der Wasseroberfläche

Das Schwimmen mit fast leerem Anzug über eine längere Strecke stellt kein größeres Problem dar. Etwas schwieriger gestaltet sich dagegen das Abschleppen eines Tauchers. Diese Aktion wird einfacher, wenn man die Schwimmlage mit dem Jacket austariert, weil der Anzug dann nicht so stark belüftet werden muss. Ein richtig belüftetes Tarierjacket sorgt für eine höhere Position im Wasser. Dabei darf der Wasserwiderstand allerdings nicht zu groß werden. Im optimalen Fall ist der Druck im Anzug gering, und die Halsmanschette wird als nicht so eng empfunden. Ist der Taucher nicht mit einem Jacket ausgerüstet, wird der Widerstand im Wasser durch die Volumenvergrößerung des Anzugs dagegen höher. Das hat eine schnellere Ermüdung zur Folge.

Übungen für den fortgeschrittenen Trockentaucher

Die folgenden Übungen setzen bereits ein gewisses Maß an Vertrautheit mit der Materie voraus. Sie sollen dem Tauchschüler helfen, die Handhabung des Trockentauchanzuges unter Wasser zu perfektionieren.

Übungen mit dem Inflator

Sind die Tariersysteme von Trockentauchanzug und Jacket mit dem gleichen Inflatoranschluss versehen, um im Notfall kompatibel zu sein, sollte der Austausch regelmäßig geübt werden. Das Ganze findet in hydrostatischem Zustand statt. Zu beachten ist hierbei, dass bei der Verwendung von Trockentauchhandschuhen

Merke

1. Wer an praktischen Übungen teilnehmen möchte, muss eine gültige ärztliche Tauchtauglichkeitsbescheinigung vorweisen.

2. Jeder Teilnehmer muss sein eigenes Tauchgerät, ausreichend Blei und seine Wärmebekleidung für das Trockentauchen mitbringen. Warme Skiunterwäsche mit langen Ärmeln ist dabei ausreichend. Ideal sind ein Thermo-Overall und Fleece-Socken.

3. Baumwollwäsche sollte nicht direkt am Körper oder an den Füßen getragen werden, da man im Anzug immer in gewissem Maß schwitzt. Die Baumwolle saugt sich rasch mit Feuchtigkeit voll, und der Taucher fängt schnell an zu frieren. Der Unterzieher oder die Funktionswäsche habe ihre Aufgabe gut erfüllt, wenn der Körper nach dem Tauchen trocken und die Innenseite des Trockentauchanzugs feucht ist.

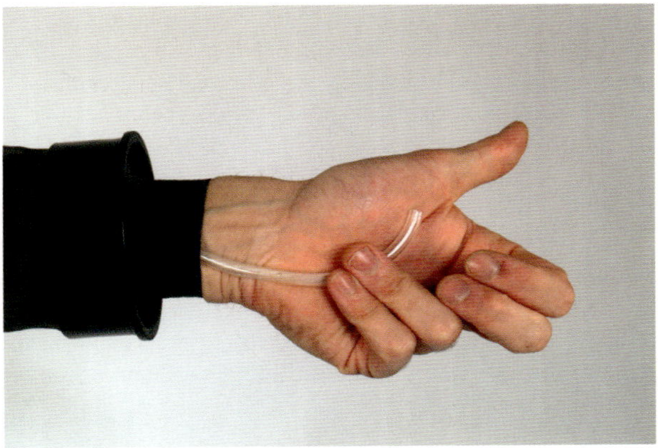

Wenn in Latexmanschetten ein kleines Röhrchen oder ein Schlauch zum Druckausgleich für den Trockentauchhandschuh gelegt wurde, können diese im Falle eines Wassereinbruchs entfernt werden, damit der Trockentauchanzug nicht voll Wasser läuft.

diese nicht in den Bajonettverschluss eingeklemmt und dadurch undicht werden.
Sollte diese Übung nicht auf Anhieb funktionieren, kann der Tauchpartner helfend eingreifen. Ist die Ausrüstung des Partners mit den gleichen Inflatoranschlüssen ausgerüstet, kann auch von Taucher zu Taucher Tariergas gespendet werden. Diese Übung sollte zuvor außerhalb des Wassers probiert werden. Dabei wird ermittelt, welche Schlauchführung praktikabel ist, und die Partner lernen in sicherer Umgebung, die Abläufe zu beherrschen.
In der Unterwasser-Praxis sichert dabei der eine Taucher zuerst seinen Partner, so dass nicht unnötig viel Sedimente vom Boden aufgewirbelt werden. Dann koppelt einer der Taucher die Inflatoranschlüsse ab, der andere schließt sie wieder an. Wenn die entsprechenden Abläufe sicher beherrscht werden, wird die Übung von beiden Tauchern in austarierter Bewegung durchgeführt.

Übungen mit Handschuhen mit Ringsystem

Wenn in Latexmanschetten ein kleines Röhrchen oder ein Schlauch zum Druckausgleich gelegt wurde, können diese im Falle eines Wassereinbruchs entfernt werden, damit der Trockentauchanzug nicht voll Wasser läuft. Außerdem kann nach dem Ablegen des defekten Handschuhs ein Reservehandschuh angezogen werden.

> **Tipp**
>
> Der Ausbilder sollte nach jedem Lernabschnitt eine Erfolgskontrolle bei seinem Tauchschüler durchführen. Erkennt er, dass der Schüler Probleme hat, sind weitere Erläuterungen und das Vorführen der richtigen Techniken ein wichtiges Hilfsmittel. Der erfolgreiche Abschluss des Trockentauchkurses wird als Sonderbrevet anerkannt. Die Beurkundung erfolgt durch einen berechtigten Tauchlehrer.

Sind am Trockentauchanzug keine Taschen vorhanden, ist zu überlegen, wie und wo die Reservehandschuhe untergebracht werden. Der Platz sollte erreichbar sein, und die Handschuhe sollten bei der Handhabung auch nicht verloren gehen können. Zu bedenken ist dabei, dass Neoprenhandschuhe unter Wasser zur Wasseroberfläche aufsteigen und im Falle einer vorgeschriebenen Dekompression nicht mehr zu erreichen sind.
Auch der Vorgang des Handschuhwechsels wird zweckmäßigerweise zuerst an Land geübt. Nach dem Trennen des Handschuh-Ringsystems wird der Schlauch oder das Röhrchen für den Druckausgleich entfernt. Anschließend wird der entsprechende Handschuh abgestreift. Wenn der defekte Trockentauchhandschuh verstaut ist, wird der Reservehandschuh angezogen.

Merke

Damit das Trockentauchen sicher und mit Spaß ablaufen kann, muss als oberste Maxime der Grundsatz gelten »Keine Kompromisse«. Die wichtigsten Regeln sind daher:

1. Anzug, Handschuhe, Füßlinge und Kopfhaube müssen »wie angegossen« sitzen.

2. Die Halsmanschette ist so geschnitten, dass sie keinen Druck im Karotisbereich erzeugt.

3. Die Bleimenge ist genau für die Ausrüstung abgestimmt worden (siehe unter richtige Bleimenge).

4. Die Tarierung über Anzug und Jacket je nach Tiefe ist trainiert und wird beherrscht.

5. Anzug und Jacket müssen so aufeinander abgestimmt werden, dass auch bei einem Notfall der sichere Aufstieg beginnen kann.

6. Simulierte Notaufstiege mit und ohne Partner müssen beherrscht werden.

7. Das Briefing der Taucher für den Tauchgang und den Notfall muss besonders gewissenhaft durchgeführt werden.

Das Tauchen mit dem Tauchpartner muss so organisiert sein, dass jeder genau weiß, wie er mit der Ausrüstung des Partners in einer Notsituation umzugehen hat. (Foto R. Krebs)

Diese Übung klingt einfach, besteht aber in der Praxis aus einem sehr komplexen Ablauf, der große Konzentration und den sicheren Umgang mit der Tauchausrüstung erfordert.

Zweckmäßigerweise wird diese Übung am Ende eines Tauchgangs durchgeführt, da es sehr unangenehm werden kann, wenn der Trockentauchanzug durch einen fehlerhaften Ablauf voll läuft.

Diese Übungen beinhalten ein gewisses Gefährdungspotenzial und sollten daher wirklich sicheren Trockentauchern vorbehalten bleiben. Zu dieser Sicherheit gehört auch, dass jeder Taucher mit der Tauchausrüstung seines Partners mindestens genauso vertraut ist wie mit der eigenen. Übungen wie die beschriebenen ersetzen auch keinen qualifizierten Trockentauchkurs bei einem dafür ausgebildeten Tauchlehrer, sie sollen einzig und allein dazu dienen, erlernte Fertigkeiten zu perfektionieren und diese Fertigkeiten zu erhalten.

Tipp

Beim Trockentauchen gibt es keine Kompromisse bei der Ausrüstung. Alles muss perfekt aufeinander abgestimmt werden.

Tauchen mit Nasstauchern

Einem Trockentaucher muss im Gefahrenfall anders geholfen werden als einem Nasstaucher. Die Hilfe, die ein Nasstaucher unter Wasser leisten kann, sollte vorher trainiert worden sein. Das betrifft vor allem die Handhabung des Ein- und Auslassventils. Beim Aufstieg dehnt sich das Gas im Jacket und im Anzug aus. Wenn der Nasstaucher in einer solchen Situation nicht in der Lage ist, die richtigen Maßnahmen zu ergreifen, kann das schwerwiegende Folgen haben. Die entsprechenden Reaktionen für Notfälle sollten vor dem Tauchgang abgesprochen sein. Feste Tauchteams aus Nass- und Trockentauchern sollten das Verhalten in Notfallsituationen regelmäßig üben.

Der Trockentaucher friert, wenn überhaupt, in der Regel viel später als der Nasstaucher. Daher sollte im Briefing abgesprochen werden, dass der Nasstaucher durch Handzeichen signalisiert, wann er den Tauchgang beenden will, weil er zu frieren beginnt.

Einstieg ins Wasser von Land

Vor dem Einstieg ins Wasser dreht man das Auslassventil zu und lässt etwas Luft in den Anzug. Das dient zur Isolierung und beugt dem Harndrang und eventuellen Barotraumata vor.

Tauchen in Steinbrüchen

Die Zugangswege sind meist sehr steinig und steil. Der Füßling des Anzugs sollte daher sehr stabil sein und eine dicke Laufsohle aufweisen, damit der Weg zum Wasser und zurück sicher zurückgelegt werden kann. Beim Rückweg ist es besonders wichtig, dass angesichts der Anstrengung der Innendruck des Anzuges aufgehoben wird und die Halsmanschette möglichst keinen Druck auf den Karotisbereich ausübt.

Tipp

Die richtige Belüftung von Jacket und Anzug beim Einstieg ins Wasser und beim Schwimmen an der Wasseroberfläche ist für das Wohlbefinden und die Sicherheit des Tauchers sehr wichtig.

Springen von Bord eines Schiffes

Hier gilt zunächst das Gleiche wie beim Einstieg ins Wasser von Land. Zusätzlich ist zu berücksichtigen, dass für kurze Zeit der Innendruck im Anzug erhöht wird. Das darf nicht dazu führen, dass umgeschlagene Manschetten nach außen schlagen und der Anzug dadurch eventuell nicht mehr dicht ist. Bei größeren Sprunghöhen müssen speziell die Ventile zuvor auf festen Sitz geprüft werden.

Schwimmen an der Wasseroberfläche

Der Trockentaucher dreht beim Schwimmen an der Wasseroberfläche das Auslassventil zu, damit noch etwas Luft im Anzug bleibt. Damit wird gewährleistet, dass der Anzug nicht auf der Haut drückt und die Wärmeisolierung erhalten bleibt. Der restliche Auftrieb wird über das Jacket sichergestellt.

Tauchen an Steilwänden und in tiefem Wasser

Bei größeren Tiefen (über 20 m) ist es ratsam, zusätzlich über das Jacket zu tarieren. Die Gründe hierfür sind der geringere Druck im Anzug und im Manschettenbereich sowie der bei Wassereinbruch sichere Weg nach oben über das Aufblasen des Jackets.

Tauchen in Höhlen

Beim Höhlentauchen wird sehr penibel austariert, um nicht am Boden oder unter der Decke Sedimente aufzuwirbeln. Oft wird außer mit dem Ein- und Auslassventil auch über die Lunge tariert. Um die Feintarierung über den Anzug in vertikaler Lage besonders genau zu regulieren, kann man an den Unterarmen oder auch im Bereich des Füßlings kleine Ventile einbauen las-

Beim Höhlentauchen muss besonders sorgfältig austariert werden. (Foto: Lorenzo Del Veneziano)

sen, über die die Luft auch in geringen Mengen entweichen kann. Beim Tauchen in Höhlen bieten sich Wing-Jackets an, da damit eine optimale Lage erzeugt werden kann und der Brustbereich und somit der Zugang zum Einlassventil frei ist.

Tauchen in Wracks

Das Tauchen in Wracks ist mit dem Höhlentauchen vergleichbar. Zusätzlich ist hier mit teilweise sehr scharfen Gegenständen zu rechnen. Aus diesem Grund ist es zu empfehlen, möglichst keine Trockentauchhandschuhe, sondern gut sitzende Nasshandschuhe zu tragen.

Die äußere Kaschierung des Trockentauchanzuges sollte beim Wracktauchen möglichst aus Cordura oder ähnlich belastbarem Material sein, um Schäden am Anzug möglichst sicher auszuschließen.

Tauchen unter Eis

Bei dieser Art zu Tauchen tritt meist extreme Kälte auf. Der Unterzieher und die Handschuhe müssen deswegen besonders gute Isoliereigenschaften aufweisen. Das Gesicht sollte entweder durch eine Eishaube oder eine Vollgesichtsmaske geschützt sein. Taucht man mit der normalen Kopfhaube, sollte das Gesicht eine halbe Stunde vor dem Tauchen mit Vaseline oder Melkfett und ein zweites Mal kurz vor dem Tauchen erneut dünn damit eingecremt werden. Dieser Schutzfilm hilft außerordentlich gegen die Kälte. Die Maske sitzt dabei trotzdem dicht.

Merke

1. Tauchgänge unter Eis, in Höhlen oder Wracks kann man nur mit einer speziellen Ausbildung durchführen, da es sich um extremes Tauchen handelt. Hierzu sind spezielle Ausrüstungsteile mitzuführen, und das Training mit dieser Ausrüstung ist eine Grundvoraussetzung.

2. Auch die Übungen, die im Abschnitt der praktischen Ausbildung beschrieben wurden, sollten von Zeit zu Zeit trainiert werden. Besonders der Bleiverlust und der kontrollierte Notaufstieg sollten regelmäßig geübt werden.

Tauchen unter Eis erfordert nicht nur eine spezielle Ausbildung, sondern auch eine auf die extreme Kälte zugeschnittene Ausrüstung. (Foto: R. Krebs)

Praxistipps zur Luftversorgung

Bei den meisten Ausrüstungskonfigurationen liefert die Erste Stufe des Atemreglers über einen Mitteldruckschlauch auch das Tariergas für den Trockentauchanzug.

Mehr als eine Erste Stufe einsetzen

Die ungünstigste Zusammenstellung besteht darin, den Atemregler, einen Oktopus, den Inflatorschlauch des Jackets und den Inflatorschlauch des Trockentauchanzuges an eine einzige Erste Stufe zu montieren.
Einerseits wird die Schlauchführung dadurch sehr unübersichtlich, wobei auch noch der Schlauch des Finimeters dazu kommt. Daneben wird dadurch der ein oder andere Schlauch sehr gespannt und damit in seiner Führung unbequem für den Tau-

Merke

1. Beim Tauchen im kalten Wasser kann im Atemregler eine innere Vereisung auftreten. Dieser wird Vorschub geleistet, wenn geringe Wassermengen in der Tauchflasche oder dem Atemregler vorhanden sind. Diese innere Vereisung findet an der ersten Gas-Entspannungsstelle, dem Wasserschutzrohr, statt.

2. Bei Stahlflaschen kann es zur Flugrostbildung kommen, wenn dafür die zeitlichen und chemischen Bedingungen vorhanden sind. Ein Filterelement aus hydrophobem (wasserabweisendem) Kunststoff (PE) kann hier Abhilfe schaffen. Dieses Filterelement ist säure- und basenfest, temperaturbeständig, schlagfest, chemisch neutral, ein schlechter Wärmeleiter und physiologisch unbedenklich. Da das Filterelement kleinste Partikel ausfiltert (3 bis 5 μ) und wasserundurchlässig ist, dient es der persönlichen Sicherheit.

3. Bei einer Revision des Flaschenventils oder nach einer TÜV-Prüfung des Tauchgerätes kann das herkömmliche Wasserschutzrohr aus Kunststoff oder Messing vom Fachhändler durch diesen Mikrofilter ersetzt werden. Er ist für alle Ventile konzipiert und wird inzwischen auch mit allen gängigen Anschlussgewinden hergestellt.

cher. Außerdem entspricht das nicht der EN 250 Kaltwassertauchen.

Werden alle möglichen Mitteldruckabgänge an der Ersten Stufe des Lungenautomaten gleichzeitig belastet, kann es auch bei modernen Hochleistungsautomaten zu Vereisungen kommen. Deshalb ist eine Verteilung der Mitteldruck- oder Arbeitsluftabgänge auf mehrere Erste Stufen zweckmäßiger. Die Schläuche sind besser am Tauchgerät zu verlegen und stehen weniger weit ab. Das führt zu einer schlankeren Silhouette des Tauchers und vermindert die Gefahr, an etwaigen Hindernissen unter Wasser hängen zu bleiben. Dass außerdem die Gefahr einer Vereisung sinkt, ist ein weitere Vorteil.

Voraussetzung für eine Aufteilung der Mitteldruckschläuche auf verschiedene Erste Stufen ist die Verwendung von zwei separat abzusperrenden Flaschenventilen. Besser noch sind zwei separate Tauchgeräte mit einer zusätzlichen ebenfalls abzusperrenden Flaschenventilbrücke.

Doppelventile für Kaltwassertauchgänge

Merke

1. Manche Taucher schrauben die Inflatorschläuche des Trockentauchanzugs und des Jackets auf getrennte Erste Stufen. Somit besteht beim Ausfall der Tariereinheit immer noch die Möglichkeit, Auftrieb zu erzeugen.

2. Werden die beiden Zweiten Stufen auch auf beide Erste Stufen verteilt, bleibt auch die Möglichkeit der zusätzlichen Atemluftquelle erhalten. Noch besser ist es, die Tarierung des Trockentauchanzugs von der Atemluft abzukoppeln und den Anzug aus einer separaten Flasche zu versorgen. Somit bleibt bei einem kompletten Versagen des eigenen Tauchgerätes immer noch die Option, mit dem Trockentauchanzug Auftrieb zu erzeugen. Diese zusätzliche Gasversorgung kann auch von einem Argonsystem übernommen werden, was zusätzliche Vorteile mit sich bringt.

Overhead-Environment

Mit dem englischen Begriff »Overhead-Environment« werden beim Tauchen Situationen bezeichnet, in denen ein direktes Aufsteigen nach oben zur freien Wasseroberfläche aufgrund von räumlichen Gegebenheiten nicht möglich ist. Dies ist beim Eistauchen, beim Vordringen in geschlossene Wrackräume und beim Höhlentauchen während eines Großteils der Tauchzeit, wenn nicht gar während des gesamten Tauchgangs der Fall.
Als Tieftauchgänge werden heute nach allgemeinem Verständnis des R. S. T. C. Abstiege über 18 m und in der CMAS das von den meisten Sporttauchorganisationen empfohlene Tiefenlimit von über 40 m hinaus definiert. Da Tauchgänge über 40 m in der Regel dekompressionspflichtig sind und eine einfache, direkte Rückkehr zur Oberfläche ohne Stopp unmöglich ist, ähneln sie vom Charakter her durchaus den Tauchgängen im »Overhead-Environment«.

Anzugwahl elementar

Alle Tauchabstiege unter Eis, in Höhlen oder Wracks sowie in Tiefen jenseits von 40 m erfordern neben einer speziellen Ausbildung und viel Erfahrung auch eine geeignete Ausrüstung. Aus Sicherheitsgründen sollte zu dieser Ausrüstung in erster Linie und vor allem anderen der adäquate Trockentauchanzug gehören.
Wenn nicht ganz ohne Zweifel sichergestellt ist, dass die Wassertemperaturen während jeder Phase des Tauchgangs in moderaten Temperaturbereichen liegen – also über rund 22 °C –, sollte ein Trockentauchanzug mit Heizsystem oder Argon als Befüllungsgas zum Einsatz kommen. Solange der Taucher bei aufkommendem Kältegefühl den Tauchgang nicht binnen kürzester Zeit abbrechen kann – und das ist im Falle von Overhead-Environment-Umgebungen und dekompressionspflichtigen Tieftauchgängen nicht möglich –, stellt eine Unterkühlung eine unmittelbare und nicht kalkulierbare Gefahr da, die sogar lebensbedrohend werden kann.
Die Wahl des richtigen Tauchanzugs ist daher elementar für die Sicherheit des Tauchers.

Tipp

Aufgrund der Tatsache, dass diese extrem schwierigen Tauchgänge besonders hohe Ansprüche an die psychische Stabilität stellen und eine hervorragende Physis des Tauchers voraussetzen, gelten sie als die Königsdisziplin des Tauchens.

Tauchgänge, die kein freies Auftauchen zur Wasseroberfläche zulassen, werden als Overhead-Environment-Tauchgänge bezeichnet.

Besondere Risiken in Wracks

Wracktauchgänge erfordern ähnliche Fähigkeiten wie das Höhlentauchen, bergen aber andere und daher mehr Gefahren, die zumeist von dem zu betauchenden Objekt selber ausgehen. Abstehende Wrackteile, scharfkantige Metalle und ähnliche Bestandteile eines Wracks können die Ausrüstung schneller und leichter beschädigen als jede andere Umgebung unter Wasser. Tieftauchgänge – egal in welcher Umgebung – erfordern zusätzlich den perfekten Umgang mit unterschiedlichen Gasen und Dekompressionstabellen: Gerade wenn ein Taucher nicht einfach höher steigen kann, wie etwa in Höhlen oder Wracks, müssen die Situationen exakt beherrscht werden.

Trockentauchanzug zentrales Ausrüstungsteil

Zweifellos sollte nach der entsprechenden Ausbildung ein regelmäßiges und gut ausgearbeitetes Trainingsprogramm in Angriff genommen werden, um die erlernten Fähigkeiten auf hohem Niveau beizubehalten.
Unbestritten ist jedoch in jedem Fall, dass dem perfekten Zustand des Trockentauchanzugs und dem sicheren Umgang damit besonders bei Overhead-Environment-Tauchgängen eine eklatante Bedeutung beigemessen werden muss. Der Trockentauchanzug ist unbestritten der Kernpunkt der Ausrüstung.

Durchsacken durch Überbleiung

Ein enorm wichtiger Aspekt beim Trockentauchen ist die richtige Bleimenge. Zu viel Blei kann gefährliche Auswirkungen haben. Wenn etwa ein Trockentaucher mit zu viel Bleigewicht und nur normal belüftetem Anzug vom Boot ins Wasser springt, hat er an der Wasseroberfläche praktisch keinen Auftrieb mehr. Da der Taucher sofort sinkt, bestehen dann vom Barotrauma der Ohren über einen Trommelfellriss bis zum Ertrinken alle erdenklichen Risiken.

Ein abgesicherter Checktauchgang zum Ermitteln der richtigen Bleimenge ist vor jedem Tauchgang in Gewässern mit unterschiedlichen Dichten obligatorisch.

Dabei ist eher mit zu wenig als zu viel Blei zu beginnen. Das Nachrüsten mit Blei ist gefahrloser als das plötzliche und unerwartete Absinken, wenn der Taucher überbleit ist.

Zu schneller Aufstieg durch Bleiverlust

Der durch das eingefüllte Tariergas größere Auftrieb eines Trockentauchanzuges birgt für den ungeübten Taucher das meiste Gefahrenpotenzial. Der Bleiverlust führt immer zu unerwünschtem, meist unkontrollierbarem Auftrieb. Deshalb muss, sobald der Bleiverlust bemerkt wird, sofort das Tariergas abgelassen werden. Dazu muss der Taucher den Körper unverzüglich in eine Position bringen, in der sich das Ablassventil an der höchsten Stelle befindet. Gleichzeitig muss das Ablassventil manuell geöffnet oder betätigt werden.
Der Neoprentrockentauchanzug ist bei einem Bleiverlust am schwersten zu handhaben. Bedingt durch den Eigenauftrieb des Neoprens reicht es nicht aus, das Gas abzulassen. Es muss vielmehr unverzüglich damit begonnen werden, eine größere Tiefe aufzusuchen, um den Auftrieb des Neoprenanzugs zu kompensieren. Ein kontrolliertes Austauchen ist nur mit einer Aufnahme von Gewicht oder durch Festhalten möglich. An Wracks ist auch

eine Leine oder Rolle hilfreich, an der ausgetaucht werden kann. Techniken für einen Notstopp werden an anderer Stelle im Buch erläutert. Gelingt es nicht, den Aufstieg abzubremsen, kommt es zu einem Durchschießen an die Wasseroberfläche. Eine Lungenüberdehnung bis hin zum Pneumothorax, eine arterielle Gasembolie oder ein Dekompressionsunfall sowie ein unbeabsichtigtes Anstoßen mit dem Kopf an Hindernisse, die an der Wasseroberfläche schwimmen, können die Folge sein.

Hindernis an der Wasseroberfläche

Tauchgänge unter Eis werden in der Regel in einem Trockentauchanzug durchgeführt. Dass bei einem Tauchgang unter Eis besondere Regeln gelten, weiß jeder Taucher spätestens seit seinem Grundtauchschein. Die Sicherheitsstandards bezüglich Leine, Licht und Luftvorrat werden hier als bekannt vorausgesetzt.
Verliert ein Taucher, der seinen Trockentauchanzug zur besseren Isolation reichlich mit Argon gefüllt hat, seinen Bleigurt, steigt er mehr oder weniger schnell nach oben bis unter die Eisfläche. Das Auslassventil sitzt am Oberarm, der zum Entlüften an die höchste Position gebracht werden muss. Die Eisfläche über dem Taucher verhindert jedoch das Heben des Arms, und das Ablassen des Gases ist nicht mehr möglich. Jetzt kann der Taucher nur noch mit dem Seil unter dem Eis hervorgezogen werden.

In einem Wrack oder bei einem Höhlentauchgang ergibt sich in einem solchen Fall eine tödliche Gefahr, denn hier steht kein Partner an der Wasseroberfläche und nimmt Leinensignale entgegen.

Um ein derartiges Szenario zu vermeiden, sollte bei dieser Art von Tauchgängen kein Bleigewicht getragen werden, das sich versehentlich abwerfen lässt. Dafür gibt es sogenannte V-Weights, die zwischen Rückentrage und Flaschenpaket montiert werden. Alternativ lässt sich auf den Bleigurt eine zweite Gurtschnalle aufziehen, so dass ein unbeabsichtigtes Öffnen des Verschlusses nicht möglich ist. Solche Tauchgänge sollten erst nach einer speziellen Ausbildung durchgeführt werden.

Beim Tauchen unter Eis ist das Sicherungsseil ein obligatorischer Ausrüstungsgegenstand. (Foto: R. Krebs).

Leckage

Ein Trockentauchanzug, der nicht aus Neopren besteht, bietet keinen Kälteschutz. Bei einem plötzlichen Wassereinbruch in einen Trilaminat- oder Gummitrockentauchanzug kann es zu einem Kälteschock kommen, der unter ungünstigen Umständen zu einem Herzstillstand führen kann. Selbst bei einem glimpflichen Ablauf des plötzlichen Abkühlens bleibt immer noch die Tatsache bestehen, dass mit einem wassergefüllten Trockentauchanzug sehr schlecht Auftrieb zu erzeugen ist. Daher ist es praktikabel, einen Hebesack und eine Leinenrolle in der Anzugtasche mitzuführen, um zusätzlichen Auftrieb erzeugen zu können und einen kontrollierten Aufstieg durchzuführen.

Verbrennungen durch Nitrox als Tariergas

Je besser der Unterzieher im Trockentauchanzug gegen Kälte isoliert, desto mehr Gas wird in seinem Material gespeichert. Fleece- Produkte oder Unterzieher mit einer Kunstfaser ähnlich

Tipp

Für ein Verbrennen müssen mehrere Voraussetzungen gegeben sein. Einerseits muss genügend brennbares Material, wie Fleece oder anderer Kunststoff, vorhanden sein. Des Weiteren ist sowohl Sauerstoff in ausreichender Menge oder Konzentration nötig als auch eine Zündquelle, die das richtige Verhältnis von brennbarem Material und Sauerstoff entzündet.

einer Wattefüllung entsprechen diesem Beispiel in hervorragender Weise.
Wird als Tariergas statt Luft mit einem Sauerstoffgehalt von 21 % eine Nitroxmischung mit einer höheren Sauerstoffkonzentration gewählt, speichert der Unterzieher dieses Gas während des Tauchgangs in den Faserzwischenräumen. Nach dem Tauchgang ist der komplette Unterzieher mit der sauerstoffhaltigeren Nitroxmischung geradezu gesättigt. Wird in diesem Zustand der Trockentauchanzug, der ja durch seinen speziellen Reißverschluss gasdicht verschlossen ist, geöffnet und befindet sich eine Zündquelle in der Nähe, kann es leicht zu einer Entflammung des Unterziehers kommen.
Es ist also nicht außergewöhnlich, dass die Gasmischung Nitrox bei einer Verwendung als Tariergas im Trockentauchanzug in relativ entzündlicher Konzentration vorhanden ist.

Eine Streichholzflamme oder das Entzünden des Feuerzeugs für eine Zigarette oder einen Grill kann den Unterzieher in Brand setzen.

Selbst nach dem Ausziehen des Trockentauchanzugs hält sich in den kleinen Gaspolstern der Kunstfasern noch hochprozentiger Sauerstoff. Bei einer Verbrennung von Kunststoffen kommt es meist zu einem Schmelzen des Materials, das dann in flüssiger Form an der Haut kleben bleibt und schwere Brandverletzungen verursacht.
Vor dem Anzünden einer Zigarette oder der Annäherung an einen Grill sollte der mit Nitrox tarierende Trockentaucher also unbedingt den Unterzieher ausziehen. Allerdings sollten Unterzieher wegen ihrer relativ leichten Entflammbarkeit ohnehin niemals in der Nähe von offenem Feuer getragen werden – auch ohne die Verwendung von Nitrox als Tariergas.

Generell empfiehlt es sich, beim Trockentauchen das Tarieren mit Nitrox als Atemgas zu vermeiden. Wenn Nitrox als Atemgas eingesetzt wird, sollte eine Zusatzflasche mit normaler Luft oder Argon als Tarier- beziehungsweise Belüftungsgas für den Trockentauchanzug mitgeführt werden.

Merke

1. Nitrox ist ein Kunstwort aus den englischen Wörtern »Nitrogen« (Stickstoff) und »Oxygen« (Sauerstoff). Das Gas besteht aus denselben Bestandteilen wie normale Atemluft, lediglich die Anteile von Stickstoff und Sauerstoff sind verschoben. Nitrox zählt daher nicht zu den Mischgasen.
Es wurde bereits in den ersten Jahrzehnten des letzten Jahrhunderts für Tauchgänge verwendet.

2. Die Zahl hinter dem Begriff Nitrox sagt aus, wie hoch der Sauerstoffanteil ist. So beinhaltet Nitrox 32 einen Anteil von 32 % Sauerstoff. Beim Technischen Tauchen sind Nitroxmischungen bis 50 % Sauerstoffanteil ein gängiges Dekompressionsgas.

Ertrinken im Schwimmbad

Bei der Ausbildung kann es vorkommen, dass ein Trockentauchschüler den ungewohnten Anzug als sehr warm empfindet. Wenn er sich nun abkühlen möchte und ohne Tauchgerät mit einem Kopfsprung ins Schwimmbecken springt, ohne den Anzug entlüftet zu haben, schießt die eingeschlossene Luft im Anzug in den Bereich der Füßlinge und der Taucher steht senkrecht kopfüber im Wasser. Werden solche leichtsinnigen Aktionen allein ohne Partner durchgeführt und der Anfänger ist nicht in der Lage, die Situation zu entspannen, kann das tödliche Folgen haben.

Auch Übungen im Hallenbad sollten nie allein, sondern immer mit Partner durchgeführt werden.

Kaufentscheidungshilfen

Dieses Kapitel soll dem interessierten Taucher helfen, sich einen kleinen Überblick über die wichtigsten Kriterien zu verschaffen, die beim Kauf eines Trockentauchanzugs von Bedeutung sind und beachtet werden sollten.

Kostenfaktor

In zweifellos den meisten Fällen muss sich die Anschaffung dieses Ausrüstungsgegenstands daran orientieren, wie viel Geld für den Kauf zur Verfügung steht respektive wie viel Geld der Kunde bereit ist auszugeben. Dabei muss jedoch bedacht werden, dass in beinahe jedem Angebotsgefüge die Begriffe »preiswert«, »billig« oder »teuer« relativ sind. Sie einzuordnen ist oft nur mit subjektiven Kriterien möglich. Allerdings geht dieser Beurteilung in der Regel immer ein Vergleich voraus.
Im Fall des Trockentauchanzugs bedeutet das, dass sich der potenzielle Käufer zuerst einen Marktüberblick verschaffen sollte, um das Objekt seiner Begierde entsprechend einordnen zu können.
Als »teuer« könnte der Kaufinteressent eine Ware ansehen, die er mit der gleichen Ausstattung und in gleicher Qualität von einem anderen Hersteller oder bei einem anderen Händler zu einem günstigeren Preis erstehen kann. Die Definition von »billig« bezeichnet im allgemeinen Sprachgebrauch eine Ware, die in Preis und Qualität gleichermaßen am unteren Ende des Angebotsspektrums liegt. Das heißt, dass ein vermeintlich billiger Trockentauchanzug schnell ins Geld gehen kann, wenn alsbald kostenintensive Reparaturen nötig werden oder nach wenigen Jahren schon wieder ein Neukauf ansteht.

Anzug soll den Preis wert sein

Sinnvoll ist die Anschaffung eines Trockentauchanzugs, der seinen Preis wert ist. Dabei ist auch zu berücksichtigen, welches Serviceangebot der Fachhändler bietet. Ist zwar die Kaufsumme gering, aber jede anschließende Wartung oder Reparatur des Trockentauchanzugs mit einem tiefen Griff in die Geldbörse verbunden, sollte ein solcher Kauf vorher überdacht werden. In dem

Tipp

Ist der vermeintliche Hersteller nur Importeur und nicht Produzent des Trockentauchanzugs, sollten Informationen zum Vorgehen bei Reparaturen erfragt werden. Oft arbeiten große Anbieter, deren Anzüge im Ausland hergestellt werden, mit vertrauenswürdigen Vertragswerkstätten im Inland zusammen. Für den Kunden ist dieses Wissen unter Umständen bares Geld wert und/oder erspart lange Postwege.

Fall wird aus »billig« nachträglich ganz schnell »teuer«. Das gilt umso mehr, je weniger der Taucher in der Lage ist, nach Ablauf von Garantiezeiten Wartungs- und Reparaturarbeiten selbst durchführen zu können. Ein preiswerter Trockentauchanzug bietet eine gemessen an der Investitionssumme ansprechende Qualität und Funktionalität.

> **Tipp**
>
> Ist der Standort des Herstellers oder seine Vertragswerkstatt in erreichbarer Nähe, lohnt sich ein Besuch vor Ort. Nicht selten ergeben sich in einem persönlichen Gespräch sogar Möglichkeiten für Sonderwünsche und Änderungen am Trockentauchanzug, die in keinem Katalog beschrieben werden.

Herstellererfahrung

Beim Kauf eines Trockentauchanzugs sollte auch die Erfahrung des Herstellers berücksichtigt werden. Hinter einem Produzenten oder einer Marke – Marken werden zuweilen von anderen Ausrüstern übernommen –, die schon viele Jahre am Markt zu finden ist, wird mit Sicherheit ein gehöriges Maß an Erfahrung stehen. Allerdings muss ein solcher Hersteller deshalb nicht automatisch auch den besten Service und die beste Ausstattung bieten.

Auch junge Unternehmen können mit guter Ausstattung, Qualität und einem hervorragenden Service rund um den Trockentauchanzug punkten. Oft haben solche Hersteller bestehende Anzugmodelle analysiert und nach ihren eigenen Vorstellungen verbessert oder weiterentwickelt.

Ein weiterer Aspekt für die Auswahl des Herstellers kann ein Blick auf die Reparatur- und Ersatzteilpreisliste sein. Einfache Reparaturen wie der Manschettenwechsel sollten auch entsprechend kostengünstig sein.

Eine gute Entscheidungshilfe für jeweils aktuelle Trockentauchanzüge auf dem Markt sind die Testberichte in Tauchsportmagazinen wie zum Beispiel *tauchen*, Europas großer Tauchzeitschrift. Kritisch betrachtet bieten diese Testberichte einigen Aufschluss über Verarbeitung und Ausstattung eines Anzugs.

Die beste Möglichkeit, eine Auswahl zu treffen, besteht jedoch immer darin, verschiedene Trockentauchanzüge mit unterschiedlichen Materialien, Reißverschlussführungen und Ausstattungen selbst im Freigewässer bei einem Tauchgang zu testen. Oft bieten Tauchausrüster an Wochenenden in Zusammenarbeit mit einem oder mehreren Fachgeschäften Gelegenheit dazu. Auch über solche Veranstaltungen informiert die Tauchsportpresse oder der Fachhandel.

Die einzelnen Tauchsport- und Ausbildungsorganisationen geben meist ebenfalls eine Hilfestellung bei der Auswahl des richtigen Trockentauchanzugs. Wird die Möglichkeit der Ausbildung zum Technischen Taucher in Betracht gezogen, ist es von Vorteil, sich zuerst mit den Anforderungen der in Frage kommenden Verbände und deren Ausbildungsrichtlinien vertraut zu machen. Auch solche Informationen können helfen, die Wahl für oder gegen einen bestimmten Anzugtyp zu treffen.
In der Praxis hat es sich bewährt, eine Liste mit allen Wünschen oder Anforderungen an den Trockentauchanzug aufzustellen. Danach lassen sich die einzelnen Anzugmodelle hinsichtlich dieser Liste vergleichen. Das nebenstehend angeführte Beispiel einer Checklist für einen Neoprentrockentauchanzug mit diagonaler Reißverschlussführung lässt sich anhand dieses Buches vom Leser selbst auch ganz einfach für die anderen Anzugtypen erstellen:

Merke

Pro und Kontra der gängigen Anzugtypen

Neoprentrockentauchanzüge

Vorteile	*Nachteile*
Restisolation auch bei Wassereinbruch	Große Packmaße
Mit wenig Tariergas zu tauchen	Hohes Gewicht
Leicht zu reparieren	Lange Trocknungszeiten

Trockentauchanzüge aus Trilaminatmaterialien

Vorteile	*Nachteile*
Geringes Gewicht	Keine Eigenisolation
Kleine Packmaße	Weite Passform
Schnell trocknend	Schlecht selber zu reparieren
Lange Lebensdauer	

Trockentauchanzüge aus EPDM/Gummi

Vorteile	*Nachteile*
Leicht zu reparieren	Keine Eigenisolation
Kleine Packmaße	Schlechte Passform
Schnell trocknend	

Checklist

Material und Passform
Maßanfertigung möglich (ja/nein)
Teilmaß möglich (ja/nein)
Ausführung (komprimiert/unkomprimiert)
Stärke
Schnitt (eng/weit)
Verarbeitung der Nähte
Art der Außenkaschierung
Art der Innenkaschierung
Länge des Reißverschlusses
Zusätzliche Abdeckung (ja/nein)
Leicht alleine zu bedienen (ja/nein)
Manschetten (Neopren/Latex)
Kopfhaube (separat/angesetzt)
Art der Füßlinge (Laufschuhe/Socken)
Beschaffenheit der Sohle (mit Profil/glatt)
Fersenbandstopper (ja/nein)

Ventile
Position
Einlassventil (drehbar/starr)
Form (hoch/flach)
Ventile hinterlegt (ja /nein)
Ventile eingeklebt (ja/nein)
Inflatoranschluss baugleich mit dem der Tariereinheit (ja/nein)
MD-Schlauch lang genug (ja/nein)
Auslassventil (Automatik /manuell)
Form (hoch/flach)
Einbau Urinalventil möglich (ja/nein)

Zubehör
Hosenträger (ja/nein)
Taschen (ja/nein)
Anzahl Taschen
Taschenverschluss (Reiß-/Klettverschluss)
D-Ring innen (ja/nein)
Packtasche dabei (ja/nein)
Paraffin dabei (ja/nein)
Talkum/Vaseline dabei (ja/nein)
Flicken dabei (ja/nein)
Kleber dabei (ja/nein)

Sonstiges
Reparatur in Deutschland (ja/nein)
Tauchanzug in meinem Shop verfügbar (ja/nein)
Reparaturpreisliste kostengünstig (ja/nein)
Testbericht von Tauchzeitschrift verfügbar (ja/nein)
Meinung der Tauchlehrer und -partner (positiv/negativ)
Modell (neu, innovativ/alt und bewährt)

Kosten
Empfohlener Verkaufspreis
Summe____________€

Preis mit allen Änderungen
Summe____________€

Eine Wertung der einzelnen Punkte dieser Liste obliegt dem Taucher selber. Wie schon öfter erwähnt, sollte aber nicht der Preis allein den Ausschlag für eine Kaufentscheidung geben.

Umrechnungen von physikalischen Einheiten

Druckeinheiten
1 bar = 14,4 psi
1 psi = 0,07 bar
200 bar = 2900,75 psi
50 bar = 725,19 psi

Längeneinheiten
1 internationale Seemeile = 1852 m
1 englische Meile = 1609 m = 1760 yards
1 geografische Meile = 7420 m
1 ft = 0,3048 m
1 m = 3,281 ft

Volumeneinheiten
1 Liter = 1 dm^3
4,546 Liter = 1 gallon
1 pint = 0,568 Liter
2 Pint = 1 quart
4 quarts = 1 gallon
1 dm^3 = 61,02 cu
1 cu = 0,01639 dm^3
1 cu ft = 1728 cu
1 cu ft = 28,32 dm^3

Gewichtseinheiten
1 g = 0,03572 oz
1 oz = 28,35 g
1 kg = 35,27 oz
1 kg = 2,205 lb
1 lb = 0,4531 kg

Leistungseinheiten
1 PS = 0,736 kw
1 kw = 1,36 PS
1 kw = 1,341 hp

Temperaturen
0 °C = 32° F
0° F = –17,8 °C
0 °C = 273,15° Kelvin

Die Autoren

Jochen Prey

Taucht seit 1985 und ist seit 1992 Ausbilder und Tauchlehrer. Vor rund zehn Jahren begann er mit dem Technischen Tauchen. Seine bevorzugten Tauchreviere sind Wracks, die er oft nur mit Rebreathern, Mischgasen und akribischer Planung erreicht – aber nie ohne Trockentauchanzug aufsucht. Jochen Prey geht heute mit wenigen Ausnahmen nicht mehr ohne Trockentauchanzug ins Wasser – gleich ob in Gewässern in Deutschland, in den Bergseen der Alpen oder in norwegischen Fjorden. Als ehemaliger Besitzer eines Tauchsportfachgeschäftes kennt sich der Essener mit vielen Generationen von Trockentauchanzügen aus und weiß genau, welche Kriterien dabei wirklich ins Gewicht fallen.

Thomas Kromp

Taucht seit 1973 und ist seit 1980 aktiv in der Tauchlehreraus- und -weiterbildung tätig. Bei Barakuda ist er seit 1988 als Ausbildungsleiter auch für die Ausbildung von Instruktor-Trainern und Course-Direktoren zuständig. Als Berater der Tauchsportindustrie vertritt Kromp Firmen im DIN-Ausschuss und schult und autorisiert seit vielen Jahren Tauchsporthändler im Bereich Tauchtechnik. Außerdem zertifiziert der Essener im In- und Ausland als Gutachter für DIN CERTCO Tauchbasen. Thomas Kromp ist erfolgreicher Autor von mehreren Büchern und Veröffentlichungen und hat an dieser Stelle viele seiner Erfahrungen mit eingebracht.

Frank Schneider

Ist von Beruf Tauch- und Reisejournalist. Nachdem er 1982 seinen ersten Tauchschein machte, begann der Gelsenkirchener ein Jahr später mit der Unterwasserfotografie. Seit 1983 wurden seine Artikel regelmäßig in deutschsprachigen Tauchzeitschriften wie *tauchen*, *Aquanaut*, *Sporttaucher*, *megadive*, *Taucher-News* und *Atlantis* veröffentlicht. Daneben sind zahlreiche Tauch- und Reisereportagen von ihm in *SPIEGEL Online*, *GEO Saison* sowie in Tauchmagazinen und Zeitschriften in Italien, England, Spanien, den Niederlanden, der Schweiz, Österreich, Kroatien, Russland oder der Türkei erschienen. Seit 2001 ist Frank Schneider Chefredakteur des Branchenmagazins *tauchen Szenepost*. Bei Kosmos ist unter anderem sein Buch *Tauchen von A–Z* erschienen.

Manche Gleichungen sind genial einfach.
AKKUman.de HIGH POWER BATTERY PACK
Akkutank
Anzugdurchführung mit Heizregler
beheizbare Socken
beheizbare Handschuhe
beheizbarer Unterzieher
Get the best equipment for diving
Unterwasser-Leuchten
Akku- & Ladetechnik
Elektronik für Tauchleuchten
Reparatur von Unterwasser-Leuchten
Komponenten & Zubehör für den Selbstbau
gleich wohlige Wärme im Trocki
UND IM FACH-HANDEL
AKKUman.de
Akku- und Batterie-Vertriebs GmbH
Lindenbergstraße 22 D-34212 Melsungen Tel.: +49 5661 920150
Fax: +49 5661 920514 E-Mail: info@akkuman.de

Get the Original
Infos bei:
DSE – Diving & Safety Equipment
Tel: 06 81 - 81 79 07
Fax: 06 81 - 84 28 23
info@dse-online.de
www.dse-online.de
OMS

Keine Kompromisse
...besser gleich Otter!
ndividuelle Trockentauchsysteme – maßgeschneidert
Handmade Quality
OTTER DRY SUITS
z.B. Otter Britannic
Heavy Duty Trockentauchanzug aus gewebtem Elastischem OTTER SKIN® Trilaminat
Individuell wählbare Ausstattungsvariationen (Neopren- oder Latexmanschetten, Wärmekragen, verschiedene Beintaschen mit Reißverschluss oder Klettverschluss etc.)
Auch mit Handschuhringsystem, PEE-Valve oder angesetzter Kopfhaube erhältlich
SE – Diving & Safety Equipment
el: 06 81 - 81 79 07
ax: 06 81 - 84 28 23
nfo@dse-online.de
www.dse-online.de

AQUA
Reparaturkits
Anbaukits
Pflegeprodukte
DSE – Diving & Safety Equipment
el: 06 81 - 81 79 07 • Fax: 06 81 - 84 28 23
www.aquaproducts.de
AQUA ELASTICATED BRACES/SUSPENDER KIT
AQUAPATCH
AQUA-GREASE
AQUA-CONTACT

Hinweis:
Trotz sorgfältiger Prüfung und Recherche sind alle Angaben in diesem Buch ohne Gewähr. Die Planung und Durchführung der Tauchgänge liegen allein in der Verantwortung der Taucher selbst. Eine Garantie oder Haftung der Autoren des KOSMOS-Verlags oder von ihm beauftragter Personen sind ausgeschlossen.

Bildnachweis:
Sämtliche nicht anders bezeichneten Fotos stammen von Frank Schneider mit Ausnahme der Seiten 7, 19, 30, 41, 52/53, 140, 145, 150/151, 156, 169, 197, 200, 206/207, und 214 (Herbert Frei). Produktfotos wurden von den jeweiligen Herstellern zur Verfügung gestellt.

Umschlaggestaltung von eStudio Calamar
Foto des Hauptmotivs: Uschi Schneider,
Mosaikfotos von links nach rechts
Obere Reihe: Frank Schneider,
Archiv, Frank Schneider, Archiv, Thomas Christ.
Mittlere Reihe: alle Fotos von Frank Schneider
Untere Reihe: beide Fotos von Frank Schneider

Bibliografische Information Der Deutschen Nationalbibliothek
Die Deutsche Nationalbibliothek verzeichnet diese Publikation in der Deutschen Nationalbibliografie; detaillierte bibliografische Daten sind im Internet über http://dnb.ddb.de abrufbar.

KOSMOS
Postfach 10 60 11
D-70049 Stuttgart
TELEFON +49 (0)711-2191-0
FAX +49 (0)711-2191-422
WEB www.kosmos.de
E-MAIL info@kosmos.de

Gedruckt auf chlorfrei gebleichtem Papier

ISBN 978-3-440-10981-6
Projektleitung: Monika Weymann
Lektorat und Satz: Dr. Helmut Neuberger & Karl Schaumann GmbH, Heimstetten
Produktion: Eva Schmidt
Printed in Italy / Imprimé en Italie